Node.Js 정석

실질적인 지름길

JIM R. Wilson 지음 • 이장원 감수

홍릉과학출판사

Node.Js the Right Way

Jim R. Wilson 저
이장원 감수

Node.js 정석에 대한 초기 찬사들

*Node.js 정석*은 최신의 서버 사이드 자바스크립트 프로그래밍을 빠르게 배울 수 있는 그야 말로 진짜 정석이다. 자바스크립트와 Node의 기본적 메커니즘을 훨씬 뛰어넘어 고급 서버사이드 애플리케이션을 만드는 데 무엇이 필요한지를 보여준다.

Allen Wirfs-Brock Project editor, ECMAScript Language Specification

만약 막 Node를 시작했다면 다른 것들은 다 덮어라! – 이 책이 당신이 필요한 유일한 책이다.

Rick Waldron Software engineer, Bocoup, LLC

마침내, Node.js가 단순히 유행을 쫓는 사람들을 위한 뼈대만 있는 웹 스케일 애플리케이션 서버가 아닌 그 이상이라는 것을 가르쳐주는 책이 나왔다.

Eric Redmond Coauthor of *Seven Databases in Seven Weeks*

*Node.js 정석*은 Node의 유연성과 강력함을 바로 입증해 주는 정말 대단한 책이다. 서버 인프라스트럭처의 세계를 탐구하고 싶은 모든 자바스크립트 개발자들에게 완벽한 책이다.

Xavi Ramirez Baydin, Inc.

*Node.js 정석*은 원하던 바로 그 책이다. Wilson은 "Hello World"를 넘어선 적절한 사례를 인용하여 Node에 대한 포괄적인 소개를 하고 있다. 아주 상세하면서도 매력적이다.

Daniel Renfro Lead software engineer at Vistaprint

Node를 설명하기 위한 환상적인 책이다. Jim의 예제 코드(특히, 제7장의 것들)를 내 개인프로젝트에 사용하기까지 했다.

Mitchell Foley Software engineer at Google

Node.Js 정석

— 실질적인 지름길 —

Jim R. Wilson

Editor: Jacquelyn Carter

Pragmatic Bookshlef

생산자나 판매자는 자신들의 제품을 차별화하기 위해 사용하는 많은 명칭들을 상표로 등록한다. 그러한 상표들이 이 책에 등장하고, 또 Pragmatic Programmers, LLC가 그 상표를 알고 있는 경우, 첫 글자를 대문자로 혹은 전체를 대문자로 표기했다. The Pragmatic Starter Kit, The Pragmatic Programmer, Pragmatic Programming, Pragmatic Bookshelf, PragProg 그리고 g 디바이스는 The Pragmatic Programmers, LLC의 상표이다.

이 책을 준비하면서 취할 수 있는 모든 노력을 기울였지만, 출판사는 이 책에 포함된 정보(프로그램 예제를 포함해서)의 사용에서 비롯된 오류나 누락에 대해서는 책임을 지지 않는다.

우리의 Pragmatic 과정, 워크숍, 그리고 다른 제품들은 여러분과 여러분의 팀들이 좀 더 나은 소프트웨어를 개발하고 즐겁게 작업 하는 것을 도와줄 수 있을 것이다. 최신 간행물 목록을 포함한 좀 더 많은 정보를 원한다면 홈페이지 *http://pragprog.com*을 방문해 주기 바란다.

이 책을 만드는 데 참여한 팀은 다음과 같다:

Jacquelyn Carter editor
Candace Cunningham copyeditor
David J Kelly typesetter
Janet Furlow producer
Juliet Benda rights
Ellie Callahan support

차례

감사의 글

*Node.js 정석*은 생각보다 쓰기 어려운 책이었습니다. 주변의 많은 도움이 없었다면 아마 끝마치지 못했을 것입니다. 특히, 편집장 Jackie Carter에게 진심으로 감사드립니다. 그의 사려 깊은 피드백이 이 책의 현재 모습을 만들었습니다.

The Pragmatic Bookshelf의 팀원 모두에게도 진심으로 감사의 말을 전하고 싶습니다. 책을 어떻게 쓸까 고민하고 있을 때 보여준 그 다정함과 인내심에 감사합니다. 이 책을 정말 열심히 다듬어 주고 저의 실수를 찾아서 고쳐준 것 역시 감사할 뿐입니다.

이 책의 감수자 모두에게도 감사드립니다. 날카로운 의견들이 이 책을 기술적으로 좀 더 정확하게 만들어 주었습니다. 순서에 관련 없이 다음의 모든 분들께 감사드립니다.

Daniel Rinehart	Gary Katsevman	Xavi Ramirez
Daniel Renfro	David LaPalomento	Mitch Foley
Jesse Streb	Jarrett Cruger	Trevor Burnham
Eric Redmond		

그리고 나의 멋진 가족들에게도 역시 감사하고 싶습니다. Ruthy, 당신은 나에게 영감을 주는 사람이오; 그 조용한 인내만으로 뭐든지 해낼 사람이오. Emma 그리고 Jimmy; 물론 둘 다 너무 빨리 자라고 있지만 너희들이 해낼 그 엄청난 일들을 보고 싶어 기대가 되는구나.

혹 빠진 분이 있다면 사과를 받아 주시기 바랍니다. 절대 고의로 빠트린 게 아닙니다.

서문

지금, 소프트웨어를 쓰는 데 있어 두 가지 큰 변화가 일어나고 있다. 그리고 그 둘 모두의 중심에 바로 Node.js가 있다.

첫째, 소프트웨어는 갈수록 더 비동기화 되어 가고 있다. Big Data 관련 일거리를 찾고 있던, 최종 사용자와 접하고 있던, 아니면 단순이 API 호출에 대해 응답하고 있던, 이제 비동기 프로그래밍 기술이 필요할 가능성이 농후하다.

둘째, 자바스크립트가 웹 브라우저, 최신 NoSQL 데이터베이스, 그리고 이제는 서버에서까지도 조용히 세계 표준 가상 머신(virtual machine)이 되어 가고 있다는 것이다.

Node.js는 바로 이러한 추세의 교차점에 있다. 그리고 더 크게 도약할 준비가 되어 있다.

왜 Node.js 정석인가?

2010년 3월, 나는 NoSQL 보스톤 콘퍼런스에서 "Full-Stack JavaScript"라는 제목의 강연을 급작스럽게 하게 되었다. 그때로 되돌아가보면, 그리고 지금은 더 하지만, 난 애플리케이션 스택(stack)의 모든 레이어(layer)에 자바스크립트를 사용하는 것이 가능하고, 소프트웨어의 복잡성을 줄이는 정말 뛰어난 방법이라는 것을 알고 있었다.

이 책 제목의 "정석(*Right Way*)"이라는 말은 Node를 배우는 프로세스와 Node로 프로그램을 쓰는 것 모두에 적용된다.

Node.js 배우기

막 성장하는 다른 기술과 마찬가지로, Node.js를 배우는 데 이용할 수 있는 자원은 정말 많다. 그 중 상당수는 오로지 웹 자원을 서비스하는 데 초점을 맞추고 있다. 물론, 웹은 위대하다. 하지만 그것만으로는 충분하지 않다. Node를 얘기하는 데 그게 전부는 아니다.

Ruby는 Rails가 다가 아니다. Python도 Django가 다가 아니다. Node.js 역시 웹 콘텐츠를 서빙하는 것보다 훨씬 이상의 것이다. 그리고 이 책은 Node.js를 그렇게 다루고 있다.

*Node.js 정석*은 여러분이 어떤 종류의 프로그램을 써야 하는지와 상관없이 효과적인 Node.js 프로그래머가 되는 데 필요한 핵심 개념들을 가르쳐 줄 것이다.

Node.js 쓰기

자바스크립트에 대해 내가 좋아하는 것 중 하나는 무엇을 하든 7가지의 방법이 있다는 것이다. 개발자들이 탐구하고, 실험하고, 더 좋은 방법을 찾을 수 있는 여지가 있다.

Node 개발자 커뮤니티, Node.js 개발에 관한 컨벤션, 그리고 심지어 자바스크립트 언어 자체에 대한 시맨틱스(semantics)도 다 급속히 발전하고 있다. 이 책의 코드 예제들과 권고는 가까운 장래에도 적용할 수 있도록 최신 베스트 프랙티스와 표준을 최대한 반영했다.

이 책 안에는 무엇이 담겼는가

이 책은 Node.js를 사용해서 서버를 위한 비동기 자바스크립트를 어떻게 쓰는지 배우고 싶어하는 개발자들을 위한 것이다. 자바스크립트에 대한 경험이 좀 있다면 도움이 되겠지만 전문가일 필요는 없다.

page 1, 제1장. 시작하기는 Node.js의 이벤트 루프를 소개하고 어떻게 이것이 Node가 싱글스레드 이면서 동시에 높은 병렬성을 가질 수 있게 하는지 설명할 것이다. 또한 이 장은 뒤에 나오는 내용들의 틀을 잡는 Node.js 개발의 다섯 가지 측면을 설명하고, Node 설치에 대한 간단한 설명도 담고 있다.

후속 장들은 각각의 특정 프로그래밍 영역을 다루고 있다.

파일 시스템 다루기

page 11, 제2장. 파일 시스템 다루기에서는 처음으로 Node.js 프로그래밍 작성에 대해 살펴 볼 것이다. 과거에 서버 사이드 프로그래밍을 해 보았다면 아마 그 과정에서 파일 시스템에 접근해 봤을 가능성이 클 것이다. 그래서 이 친근한 영역부터 시작하기로 한다. 여기서는 Node의 파일 시스템 도구들을 사용해 비동기, 논블로킹 파일 유틸리티를 만든다. Node 프로그램 곳곳에서 마주치는 `EventEmitter`와 `Stream` 클래스를 사용해 데이터를 옮기고, 자식 프로세스를 생성하고, 상호작용하는 것도 배울 것이다.

소켓으로 네트워킹하기

앞 장의 개념들은 우리가 **page 29, 제3장. 소켓으로 네트워킹 하기**에서 Node의 네트워크 I/O 능력을 분석할 때 더 상세히 설명된다. 이 장에서는 TCP 서버와 클라이언트 프로그램을 개발할 것이다. 또한, 메시징 작업을 위한 JSON 기반의 간단한 프로토콜과 커스텀 모듈을 만든다. 이것을 통해 Node 애플리케이션 디자인에 대한 통찰력과, 테스트 가능하고 오류에 강한 시스템을 만드는 경험을 할 것이다.

견고한 메시지 전달

page 55, 제4장. 견고한 메시징 서비스에서는 앞에서의 Node 코어로부터 벗어나 서드파티(third-party) 라이브러리 영역으로 분기한다. npm을 통해 0MQ(제로엠큐로 읽는다)를 사용하여 구축할 것인데, 0MQ는 네트워크 애플리케이션 개발을 위한 고효율의, 낮은 지연속도를 가진 라이브러리이다. 이 0MQ를 가지고, 게시/구독(publish/subscribe)과 요청/응답(request/response)과 같은 몇 가지 중요한 패턴을 사용해 커뮤니케이션하는 프로그램들을 개발할 것이다. 같이 협력해서 일을 하는 프로그램 묶음을 만들고 그것들을 관리하는 클러스터링 도구에 대해서 배울 것이다.

데이터베이스 접근하기

page 87, 제5장. 데이터베이스 접근하기는 데이터베이스를 소개하고 Node에서 어떻게 비동기식으로 상호작용 할 수 있는지를 알려준다. 특히, RESTful, JSON 문서 기반의 CouchDB를 사용할 것이다. XML 문서를 파싱(parsing)하고, 워커 큐(worker queue)를 통해 속도를 조절하고, 유닛 테스트(unit test)를 어떻게 개발하고 실행하는지도 배울 것이다. 이 장에서 만든 데이터베이스는 후속 장들에서 개발할 RESTful API를 위한 토대가 된다.

확장 가능한 웹 서비스

Node는 HTTP 서버 구현을 환상적으로 지원하는데, **page 117, 제6장. 확장 가능한 웹 서비스**에서 살펴 볼 것이다. 요청을 라우팅 하는 Node.js의 인기 있는 웹 프레임워크 Express도 사용해 본다. REST 시맨틱스에 대해서도 좀 더 깊이 알아보고 비동기 코드 흐름 관리를 위해 promise라 불리는 객체를 사용할 것이다. 또한, 제너레이터 함수라 불리는 ECMAScript의 최신 기능과 그것이 어떻게 흥미로운 방식으로 promise와 연결되는지도 배울 것이다.

웹 애플리케이션

마지막으로, **page 143, 제7장. 웹 애플리케이션**에서는 웹 서비스를 위한 프론트 엔드를 구현할 것이다. Passport라는 Node 모듈을 이용해서 구글 계정을 사용한 API 인증을 구현할 것이다. 그리고 아주 빠른 키/값 데이터 저장소인 Redis에 세션 데이터를 저장해본다. RESTful API를 사용하는 정적인 싱글 페이지 웹 애플리케이션을 구현하는 기초를 배울 때는 Bower라는 프론트 엔드 패키지 매니저를 이용해서 라이브러리를 불러오는 방법도 배울 것이다.

이 책에서 다루지 않는 것

이 책을 전념해서 읽기 전에, 먼저 이 책에서 다루지 않는 것들을 알아야 한다.

책의 범위

이 책을 쓰고 있을 당시에도 npm에는 43,000개가 넘는 모듈이 담겨 있었고 하루 평균 100개 이상의 모듈이 더해지고 있었다.[1] Node.js의 생태계와 커뮤니티는 너무 빨리 커가고 변해 가고 있기 때문에 모든 것을 이 책에서 다루려는 시도는 아예 하지 않았다. 대신, 이 얇은 책은 여러분이 Node.js로 코딩을 시작하는 데 필요한 핵심사항을 가르쳐 줄 것이다.

이 책은 Node.js의 최신 주제들은 밀접히 살펴본다. 특히, Node 프로세스를 클러스터링하는 것과 어떻게 확장 가능한 웹 서비스를 작성하는지에 대해서 자세히 다룰 것이다. 하지만 HTML, CSS 그리고 브라우저 자바스크립트 같은 프론트 엔드 관심사는 별로 다루지 않는다.

자바스크립트 초보자 가이드

자바스크립트는 오늘날 많이 쓰이는 언어 중 가장 오해를 많이 받는 것 중 하나이다. 비록 이 책에서 이따금씩 문법에 대해 논하고 있지만 (특히 그것이 최신 문법의 경우) 이 책은 초보자를 위한 자바스크립트 안내서가 아니다.

1 http://www.modulecounts.com/

윈도우 사용자에 대한 메모

이 책에 나오는 예들은 여러분들이 Unix 계열의 운영시스템을 사용하고 있다고 가정한다. 표준 입력과 아웃풋 스트림을 활용하고 파이프를 통하여 프로세스 간에 데이터를 교환할 것이다. 셸 세션(shell session) 예제들은 Bash로 테스트 했지만 다른 셸에서도 잘 수행될 것이다.

만약 윈도우를 사용한다면 Cygwin[2] 설치를 권한다. 예제로 나온 코드들을 성공적으로 실행하는 데 최고의 선택이 될 것이다. 아니면 Linux 가상 머신을 사용할 수도 있다.

코드 예제와 규약

이 책의 코드 예제들은 자바스크립트, 셸 세션, 그리고 HTML/XML에서 발췌한 것들 몇 개를 포함하고 있다. 대부분의 경우, 코드 리스트가 빠짐없이 제공되어 있기 때문에 언제라도 실행할 수 있다.

예제 코드들은 해당 언어의 문법에 따라 구문이 강조되어 있다. Shell 명령은 앞에 $가 붙는다.

Node.js 코드를 쓸 때는 항상 에러와 예외를 다뤄야 한다. 이 책 전체를 통해 어떻게 다뤄야 하는지를 배울 것이다. 하지만 몇몇 코드 예제들에는 에러 처리가 빠져있다. 이것은 가독성을 높이고 공간을 절약하기 위한 것이며 에러는 항상 처리되어야 한다.

온라인 지원

이 책을 위한 The Pragmatic Bookshelf의 페이지[3]에서 이 책에 나와 있는 모든 소스코드를 다운로드 받을 수 있다. 또한, 피드백 도구, 커뮤니티 포럼, 그리고 에러 수정 요청 양식도 제공한다.

Node.js의 정석을 보여주는 이 책을 선택해준 여러 독자 분들께 감사드린다.

Jim R. Wilson(jimbojw, hexlib)

November 2013

---

2 http://cygwin.com/

3 http://pragprog.com/book/jwnode/node-js-the-right-way

CHAPTER 1

시작하기

Node.js를 둘러싼 많은 얘기들은 웹에 집중되어 있다. 때문에 Node가 더 큰 목적을 가지고 있다는 것을 사람들은 자주 놓치곤 한다. 좀 더 광범위한 구조 안에서 Node를 살펴보기 위해 그림 1의 지도를 그려 보자.

가능한 모든 프로그램의 세계를 거대한 바다라고 생각해 본다. 비슷한 목적을 가진 프로그램들은 서로 가까이 있고 다른 목적을 가진 것들은 멀리 떨어져 있다. 맘속에 이런 생각을 가지고 아래 그림을 살펴보자. 그림 1은 바다에 떠 있는 섬 하나를 자세히 묘사한 것인데, 이 섬의 이름은 "I/O 제한 프로그램 섬"이다.

[그림 1] I/O 제한 프로그램 섬의 지도

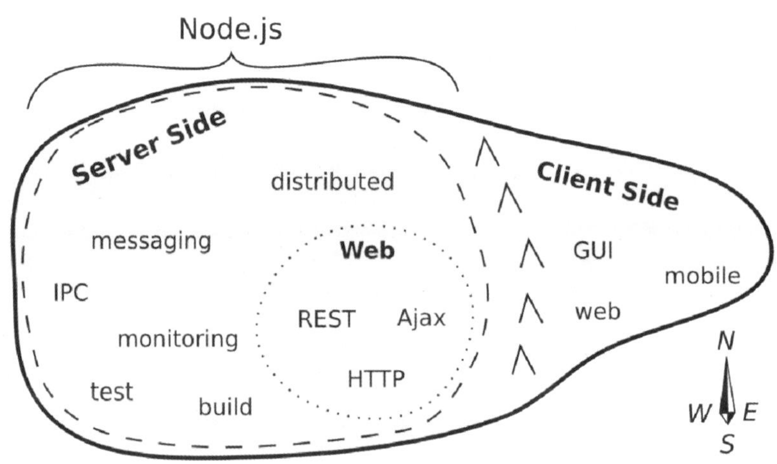

I/O 제한 프로그램은 데이터 접근 병목으로 인해서 성능의 제약이 생긴다. 프로세싱 파워나 RAM을 늘린다고 성능이 더 개선되지 않는다.

섬 가운데를 관통하는 산맥의 동쪽에는 **클라이언트 사이드** 프로그램들이 있다. 모든 종류의 GUI 도구, 일반 애플리케이션, 모바일 앱, 그리고 웹 애플리케이션들이 이곳에 위치하고 있다. 클라이언트 사이드 프로그램들은 사용자와 직접적으로 상호작용을 하는데, 대게는 사용자들의 입력을 기다린다.

산맥 왼쪽으로는 **서버 사이드** 프로그램들이 있다. 그리고 가장 방대한 지역을 차지하고 있는 것이 바로 Node.js이다.

서버 사이드 깊숙한 곳에는 HTTP, Ajax, REST 그리고 JSON과 그들의 오랜 파수꾼, 웹이 자리잡고 있다. 개발자들의 머리를 쥐어 짜내 왔던 웹사이트, 앱, 그리고 API도 여기에 있다.

그렇게 많은 시간을 웹에 공들이다 보니 사람들은 Node에 대해서도 웹 애플리케이션 개발 때의 활용만을 과도하게 강조하고 있다. "도대체 웹 애플리케이션을 만드는 데 Node가 더 나은 점이 뭐지?" 혹은 "REST 서비스를 어떻게 Node로 만드는데?" Node에 대해 흔히 물어보는 내용만 봐도 그렇다.

Node의 적용 영역

1995년 처음 등장한 이후 자바스크립트는 프론트 엔드(front-end)와 백 엔드(back-end) 영역의 문제들을 풀어왔다. 다음 그림은 그 영역 어디에 Node의 역할이 있는지를 보여준다.

자바스크립트 스펙트럼 상의 Node 위치 [그림 2]

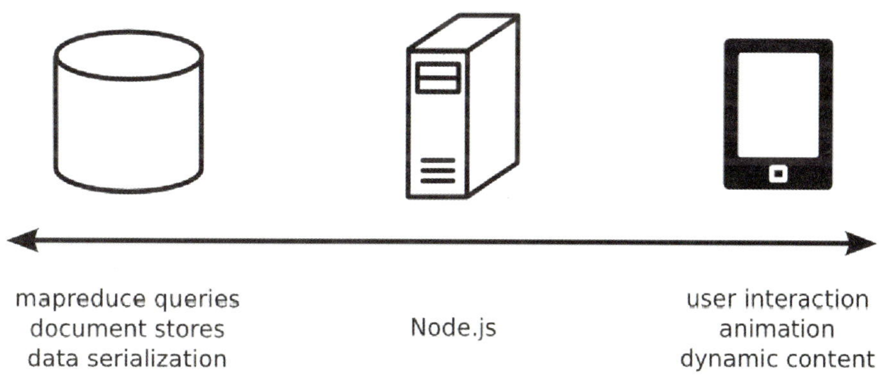

오른편의 웹 브라우저에서는 자바스크립트는 많은 경우 사용자의 입력을 기다리기 위해서 사용된다. "여기를 클릭하세요," "저기의 것을 끌어 오세요," "파일을 선택하세요" 등 자바스크립트는 이 영역에서 아주 성공적으로 사용되어 왔다.

왼편에서는 백 엔드 데이터베이스에 자바스크립트가 많이 사용된다. MongoDB나 CouchDB 같은 문서지향 데이터베이스들은 레코드를 수정하는 것부터 애드 혹 쿼리(ad-hoc queries)와 맵리듀스(mapreduce) 작업까지 광범위하게 자바스크립트를 사용한다. Neo4j와 Elasticsearch 같은 다른 데이터베이스들은 데이터를 표현하는 데 JSON(JavaScript Objective Notation)을 사용한다. 이제는 플러그-인(plug-in)만 제대로 갖춘다면 Postgres에서 자바스크립트로 SQL 함수를 쓸 수도 있다.

미들웨어 작업의 상당수는 클라이언트 사이드 스크립팅이나 데이터베이스처럼 I/O에 묶여 있다. 이러한 서버 사이드 프로그램들은 종종 데이터베이스의 결과나 외부 웹 서버로부터의 피드백 혹은 연결요청이 들어오는 것을 기다려야만 한다. 바로 이러한 종류의 애플리케이션을 위해 Node.js가 탄생하게 된 것이다.

Node 애플리케이션은 어떻게 작동하는가

Node.js는 자바스크립트를 **이벤트 루프**와 연결해서 이벤트가 발생했을 때 신속하게 작업을 처리하도록 한다. 많은 자바스크립트 환경에서 이벤트 루프가 사용되는데, 사실 이것이 Node.js의 핵심적인 특징이다.

Node는 이벤트 루프와 시스템 자원에 대해 로-레벨(low-level)의 접근을 허용하는 것이 기본 개념이다. Node의 코어 커미터(core committer)인 Felix Geisendörfer에 의하면 Node에서는 "개발자 코드 이외의 모든 것들은 병렬로 처리된다."[1]고 한다.

약간 역설적으로 보일 수도 있으나 걱정할 필요는 없다. 다음 그림이 어떻게 이벤트 루프가 돌아가는지를 잘 보여줄 것이다.

할 일이 남아 있는 한 Node의 이벤트 루프는 계속 해서 돌아간다. 이벤트가 발생하면 Node는 그 **이벤트**를 리스닝(listening) 하고 있던 **콜백**(*callback*)을 작동시킨다.

Node 개발자가 할 일은 이벤트에 대응해서 실행되는 콜백 함수를 만드는 것이다. 특정 이벤트에 대응할 수 있는 콜백의 수는 제한이 없다. 하지만 콜백 함수는 한 번에 하나씩 실행된다.

1 http://www.debuggable.com/posts/understanding-node-js:4bd98440-45e4-4a9a-8ef7-0f7ecbdd56cb

Node.js 이벤트 루프 [그림 3]

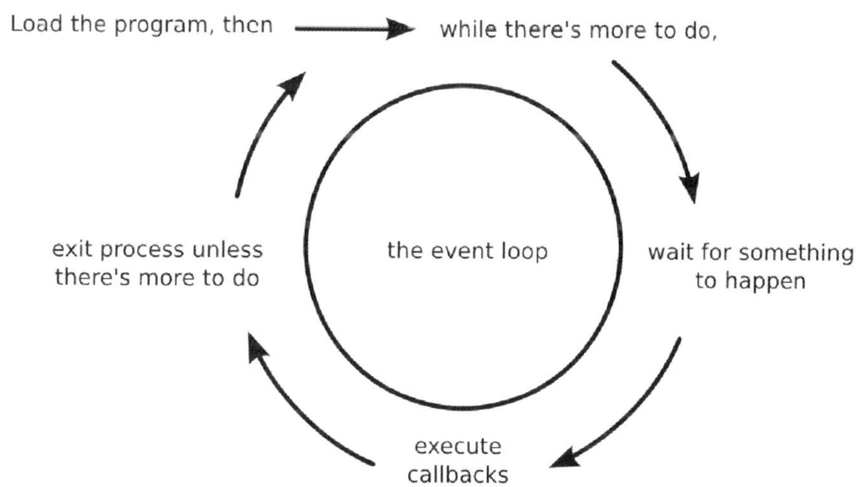

프로그램이 하는 다른 일들—이를테면 파일로부터의 데이터나 HTTP로 들어오는 요청을 기다리는 것들—은 Node에 의해 병렬로 처리된다. 그러나 애플리케이션 코드는 다른 애플리케이션 코드들과 같이 병렬로 실행되지 않는다. 애플리케이션 코드가 실행될 때는 Node의 자바스크립트 엔진을 독점한다.

싱글스레드(Single-Threaded)지만 병렬성은 높게

다른 시스템들은 동시에 많은 코드를 수행함으로써 병렬성을 얻으려 하고 통상 이를 위해 많은 스레드를 생성한다. 하지만 Node.js는 다르다. Node는 싱글스레드 환경이다. 어떤 경우에도 한 번에 코드 한 줄만을 실행한다.

Node가 이렇게 할 수 있는 것은 대부분의 I/O 작업을 **논블로킹**(*nonblocking*) 기술을 이용해 처리하기 때문이다. 연산이 종료될 때까지 한 줄 한 줄 기다리는 것보다 콜백 함수를 만들어 연산이 결과적으로 성공하거나 실패했을 때 호출되도록 하는 것이다.

개발자의 코드는 해야 할 작업을 하고, Node가 다른 작업을 할 수 있도록 바로 이벤트 루프에 통제권을 넘겨줘야한다. 실제 이 과정이 어떻게 진행되는지는 **제2장. 파일 시스템 다루기**로부터 시작해 이 책 전체에 등장하는 예제를 통해 설명할 것이다.

Node가 한 번에 코드 한 줄만을 실행하는 것으로 병렬성을 확보한다는 게 이상해 보이겠지만 사실 그렇다. 아마 백워디즘(Backwardism)이라 부르는 것의 한 예가 될 것이다.

Node.js의 백워디즘

너무 기괴해서 처음에는 완전히 퇴보하는 것처럼 보인다는 것이 내가 정의하는 **백워디즘**이다. 개발자라면 아마 프로그램을 배우는 동안 눈치를 챘던 못 챘던 수많은 백워디즘을 경험했을 것이다.

변수의 개념을 예로 들어 보자. 대수학에서 흔히 보는 "7x + 3 = 24" 같은 공식에서 x는 변수이다; 그리고 이 변수는 한 가지 값만을 갖는데, 우리가 할 일은 과연 그 값이 얼마인지를 찾아내는 것이다.

이제 프로그램을 배운다고 하자. 곧 "x = x + 7" 같은 명령문을 보게 될 것이다. 여전히 우리는 x를 변수라고 부르지만 여기서의 x는 우리가 부여하는 어떠한 값이라도 가질 수 있다. 때에 따라 다른 값을 가지는 것이다.

대수학 관점에서 보면 이게 바로 백워디즘이다. 대수학적 관점에서는 "x = x + 7"이라는 공식은 전혀 안 통한다. 프로그램에서 변수의 개념은 조금 차이가 나는 것이 아니라 100% 그 반대인 것이다. 하지만 **할당**(*assignment*)이라는 개념을 이해하고 나면 프로그램 변수를 쉽게 이해할 수 있을 것이다.

Node의 싱글스레드 이벤트 루프도 마찬가지다. 멀티스레드(multithreaded) 관점에서 보면 한 번에 코드 한 줄씩을 실행한다는 게 바보 같아 보일지 모른다. 하지만 이벤트 드리븐 프로그램(event-driven programming)과 논블로킹 API를 이해하고 나면 모든 게 명확해 진다.

프로그래밍을 하다 보면 이런 것들이 꽉 들어차 있다. Node.js도 결코 예외가 아니다. 시작할 때는 분명 이런 내용일 것 같은데, 실제로는 전혀 다른 작업을 하는 코드를 자주 보게 될 것이다.

하지만 걱정할 것 없다! 이 책은 많은 간단한 프로그램을 만들어 가면서 독자들의 Node에 대한 이해를 도와 줄 것이다. 더 많은 Node의 백워디즘을 접하면서 독자들은 오히려 그 세계에 빠져들어 흥미로운 탐사를 하게 될 것이다.

Node.js 개발의 이모저모

Node.js는 생각보다 훨씬 큰 주제이다. 따라서 몇 가지 측면으로 나누어 보는 것이 이해에 도움이 된다. 여기서는 기초적인 자바스크립트 구문부터 변경 관리까지 Node 개발의 다양한 측면들을 다룬다. 특히, 다음의 5가지가 이 책에서 집중 설명 될 것이다:

- 실용적 프로그래밍
- 아키텍처(Architecture)와 코어(Core)
- 패턴(Patterns)
- 자바스크립티즘(JavaScriptism)
- 지원 코드

각각에 대해 간단히 살펴보도록 하자.

실용적 프로그래밍

실용적 프로그래밍이란 뭔가 유용한 작업을 하는 실제 코드를 만드는 것이다. 파일 시스템과 상호작용을 하거나 소켓 연결을 하고, 웹 애플리케이션을 서비스하는 것이 실용적 프로그래밍의 예들이다.

이 책의 각각의 장들은 하나의 특정 실용적인 영역에 중점을 두고 있다. 각각의 영역에 특화된 코드 예제들을 통해 독자들은 Node의 아키텍처와 코어, 패턴, 자바스크립트, 그리고 지원 코드 등을 배우게 될 것이다.

아키텍처와 코어

Node의 아키텍처를 이해하면 그 장점들을 잘 활용하면서 동시에 성능에 치명적인 영향을 주는 함정을 피해 나갈 수 있다. 예를 들면 Node는 작업 계획을 짜는 데 C로 쓰여진 이벤트 루프를 사용한다. 하지만 애플리케이션 코드는 자바스크립트 환경에서 실행한다. 이들 레이어(layer) 간에 정보들이 어떻게 오가는지와 같은 아키텍처의 상세 내용은 매우 영양가 있는 지식이 될 것이다.

패턴

활발한 생태계를 가지고 있는 여타의 성공적 코드 베이스와 마찬가지로 Node.js 역시 많은 프로그래밍 패턴을 가지고 있다. 이 패턴들은 Node 코어 및 서드파티 라이브러리에서 찾아 볼 수 있다. 콜백의 활용, 에러 처리 기법, 이벤트 디스패칭(dispatching)에 사용하는 `EventEmitter`와 `Stream` 같은 클래스 등이 대표적인 예들이다.

다른 실용적 프로그래밍 영역으로 진도가 나가면 자연스럽게 이런 패턴들뿐 아니라 다른 패턴들도 보게 될 것이다. 패턴들을 접하면서 왜 패턴들이 유용한지 또 어떻게 효과적으로 사용할지도 알게 될 것이다.

자바스크립티즘

Node는 프로그램 언어로 자바스크립트를 사용하기 때문에 당연히 자바스크립트를 많이 보게 된다. 이 책에서의 코드 예제들은 가장 최신의 자바스크립트를 이용해 만들어져 있다. 따라서 일부 특성들은 이전에 자바스크립트로 개발을 해 본 독자들에게도 생소하게 느껴질 수 있다.

이 책에서 논의할 자바스크립트는 함수와 객체 상속의 본질 같은 것들도 포함한다. 차세대 자바스크립트 스펙인 ECMAScript Harmony의 새로운 기능들도 사용할 예정이다.

지원 코드

코드는 따로 떨어져 있는 것이 아니다: 각각의 특정 프로그램은 여러 역할을 하는 코드들로 이루어져 있다. 유닛(Unit) 테스트, 성능 벤치마크, 배포 스크립트까지 지원 코드는 많은 일들을 한다. 이 책에서는 지원 코드를 잘 이용해서 프로그램들을 더 견고하고, 확장성 있고, 관리 가능하게 만들 것이다.

이상의 다섯 가지 측면을 잘 이해한다면 Node.js의 스타일을 자연스럽게 이용하면서 플랫폼을 최대한 활용한 애플리케이션을 개발할 수 있을 것이다. 이 책에서 만들어 갈 예제 애플리케이션들은 작지만 이상의 다섯 가지 측면을 명확히 보여줄 수 있는 기능을 담고 있다. 이제 맛보기를 위해 Node.js를 설치해 보자.

Node.js 설치하기

Node.js의 설치는 현재 사용하는 컴퓨터의 유영시스템 종류 그리고 소스 코드를 통해 작업을 하는 것에 불편이 없는지에 따라 몇 가지 선택을 할 수 있다.

이 책에서는 가장 최신의 Node.js 정식 배포 버전을 사용하는 것을 기본으로 한다. 가장 최신의 소스 코드로 만들어진 버전을 설치했다면 이 책에 나오는 코드 예제가 제대로 작동하지 않을 수도 있다. 만약 확실치 않다면 명령행(command line)을 통해 `node --version`을 실행해서 어떤 버전이 설치되어 있는지 확인할 수 있다.

```
$ node --version
v0.10.20
```

가장 쉽게 Node를 설치하는 방법은 nodejs.org[2]를 통해 설치 프로그램을 다운로드 받는 것이다.

Node Version Manager(nvm)[3] 역시 많이 선호되고 있는 방법이다. 만약 Unix와 유사한 운영시스템(예를 들어, Mac OS X 또는 Linux)을 사용하고 있다면 다음과 같이 nvm을 설치한다:

```
$ curl https://raw.github.com/creationix/nvm/master/install.sh | sh
```

그리고 나서 특정 버전을 설치한다.

```
$ nvm install v0.10.20
```

만약 설치 과정에 문제가 있다면 Node 메일링 리스트나 IRC 채널을 통해 도움을 받을 수 있다. 둘 다 Node.js 커뮤니티 페이지[4]에 링크되어 있다.

다뤄야 할 영역은 정말 많지만 할당된 지면이 많지 않아 아쉽다. 이제 준비가 됐다면 누구에게나 친숙한 파일 시스템 접근부터 시작해 보도록 하자.

---

2 http://nodejs.org/download/

3 http://github.com/creationix/nvm

4 http://nodejs.org/community/

CHAPTER 2

파일 시스템 다루기

프로그래머라면 아마도 어느 시점에선가는 파일 시스템에 접근해본 적이 있을 것이다: 파일을 읽거나, 쓰거나, 이름을 변경하거나, 혹은 지워본 적이 있을 것이다. 그래서 이 친숙한 분야에서부터 Node.js를 알아나가도록 하겠다. 유용한 비동기 파일 유틸리티를 만들어 가면서 Node 개발의 다음 측면들을 살펴볼 수 있을 것이다.

아키텍처와 코어

아키텍처에 관해서는 어떻게 이벤트 루프가 프로그램의 흐름을 형성하는지를 보게 될 것이다. 버퍼(buffers)를 사용해서 Node의 자바스크립트 엔진과 Node 코어 간에 데이터를 옮길 것이고, Node의 모듈 시스템을 사용해서 코어 라이브러리(library)를 가져올 것이다.

패턴

이 책의 프로그램에서는 비동기 이벤트를 다루는 콜백(callbacks) 같은 일반적인 Node의 패턴을 이용할 것이다. Node의 `EventEmitter`와 `Stream` 클래스(class)를 활용해서 데이터를 여기저기 보내기도 할 것이다.

자바스크립티즘

일등객체로서 다뤄지는 함수나 블록 스코프(block scope) 같은 자바스크립트의 몇 가지 특성과 베스트 프랙티스(best practices)를 살펴 볼 것이다.

지원 코드

여기서는 어떻게 자식 프로세스를 만들고 상호작용하는지, 어떻게 자식 프로세스의 출력들을 기록하고, 상태 변화를 감지하는지를 배우게 될 것이다.

먼저 파일 변경을 감시하는 도구를 만드는 것부터 시작해 보자. 이를 통해 Node의 파일 시스템 API를 소개함과 동시에 어떻게 이벤트 루프가 돌아가는지를 살짝 보게 될 것이다.

Node.js 이벤트 루프를 위한 프로그래밍

파일 변경을 감시하고 명령행으로부터 변수를 읽는 간단한 프로그램 개발부터 시작해 본다. 짧지만 Node의 이벤트 기반 아키텍처에 대한 이해를 돕는 애플리케이션이다.

파일 변경 감시

비동기 코딩을 요구하는 파일 변경 감시는 Node의 중요한 개념을 보여줄 수 있는 쉬운 과제이다. 파일에 변화가 생겼을 때 액션을 취하는 것은 자동 배포부터 유닛 테스트 시행까지 여러모로 유용하다.

터미널을 열고 시작해 보자. 명령행에서 빈 디렉토리를 찾는다. 이 장에서의 모든 코드 예제들은 이 디렉토리를 사용할 것이다. 이제 거기에서 `touch` 명령을 사용해 `target.txt`라는 파일을 생성한다.

```
$ touch target.txt
```

이 파일이 우리 감시 프로그램의 대상이 될 것이다. 이제 익숙한 편집기를 사용해 다음의 내용을 입력한다.

file-system/watcher.js

```
const fs = require ('fs');
fs.watch('target.txt' , function( ) {
  console.log("File 'target.txt' just changed!") ;
}) ;
console.log ("Now watching target.txt for changes...") ;
```

이 파일을 `target.txt`와 같은 디렉토리에 `watcher.js`라는 이름으로 저장한다. 이제 이 프로그램이 어떻게 작동하는지 보자.

먼저, 위쪽의 `const`라는 키워드에 주목한다. 이 자바스크립트(ECMAScript Harmony의 기능)는 변수를 상수 값으로 설정한다. `require()` 함수는 Node **모듈**을 불러오고 반환한다. 여기서는 Node의 빌트인(built-in) 파일 시스템 모듈[1]을 포함시키기 위해 `require('fs')`를 호출했다.

Node.js에서, 모듈은 자바스크립트의 독립적인 객체이며 다른 데서 사용될 수 있

---

1 http://nodejs.org/api/fs.html

는 기능을 제공한다. require()의 산출물은 통상 평범한 자바스크립트 객체이다. 그 모듈에서 제공되는 기능 말고는 특별할 것이 하나도 없다.

Node의 모듈 구현은 CommonJS 모듈 스펙[2]에 기반하고 있다. 모듈은 다른 모듈에 의존할 수 있는데, 서로 다른 프로그램 환경에서 import나 #include를 사용하여 다른 라이브러리를 사용하는 것과 아주 흡사하다. **Page 29, 제3장. 소켓으로 네트워킹하기**에서는 어떻게 모듈을 구현하는지를 배울 것이다.

다음으로는 fs 모듈의 watch() 함수를 호출한다. 이 함수는 대상 파일의 변경을 살피다가 변경이 생기면 바로 준비된 콜백 함수를 실행한다.

자바스크립트에서 함수는 일등객체이다. 이 말은 함수가 변수에 할당될 수도 있고 다른 함수에 변수로 건네질 수도 있다는 것이다. 콜백 함수는 이름이 없는 **무명**함수이다.

콜백 함수는 console.log()을 불러서 파일이 변경될 때마다 화면에 메시지를 표시한다. 이제 시작해 보도록 하자.

명령행으로 다시 돌아가 다음과 같이 node를 사용해 감시 프로그램을 작동한다:

```
$ node -- harmony watcher.js
Now watching target.txt for changes...
```

--harmony 변수는 Node에게 가용한 최신의 ECMAScript Harmony 특성을 사용하라고 말하는 것이다. ECMAScript Harmony는 JavaScript의 표준인 ECMAScritpt 차세대 버전의 코드명이다. Harmony의 새로운 특성들 모두가 정식 출시 단계는 아니지만 이 책에서 사용되는 것들은 특별히 언급된 것을 제외하고는 사용에 문제가 없다.

프로그램이 시작되고 나면 Node는 대상 파일의 변경을 기다린다. 변경을 유발하기 위해 다른 터미널로부터 같은 디렉토리로 들어가 파일을 touch한다:

```
$ touch target.txt
```

watcher.js가 실행되고 있는 터미널은 문자열 *File 'target.txt' just changed!*를 출

2 http://wiki.commonjs.org/wiki/Modules/1.1

력할 것이다. 그리고 프로그램은 다시 대기 상태로 돌아간다.

이벤트 루프 살펴보기

앞에서 작성한 프로그램은 Node 이벤트 루프의 좋은 실례이다. page 4, **Node 애플리케이션은 어떻게 작동하는가**의 그림 3을 떠올려 보자. 우리가 만든 간단한 파일 감시 프로그램은 Node가 그 그림상의 각 단계를 하나하나 밟아 가도록 한다.

프로그램을 돌리기 위해 Node는 다음과 같은 작업을 한다.

1. 스크립트를 로드(load)하고 마지막 줄까지 실행한다. *Now watching* 메시지가 화면에 나타날 것이다.
2. `watch()`에 대한 호출이 있기 때문에 아직 할 일이 남아 있음을 안다.
3. 뭔가 일어나길 기다린다. 즉, `fs` 모듈이 파일의 변경을 주시하는 것이다.
4. 변경이 감지되면 콜백 함수를 실행한다.
5. 프로그램이 아직 완료되지 않았는지를 확인한 후에 다시 대기 모드로 돌아간다.

Node.js 프로그램들은 이런 단계를 거쳐서 실행되고 이벤트 루프는 더 이상 남겨진 일이 없거나 혹은 다른 이유로 프로그램이 종료될 때까지 실행된다. 이를 테면 예외가 발생했는데, 처리가 안되면 프로세스는 종료된다. 어떤 식으로 되는지는 다음에서 살펴 볼 것이다.

명령행 변수 읽기

이제 예제를 좀 더 충실하게 만들기 위해 감시할 파일을 명령행 변수로 입력해 본다. 이 과정을 통해 `process` 전역 객체(global object)와, 어떻게 Node가 예외를 다루는지를 소개할 것이다.

편집기를 열어서 다음을 입력한다:

file-system/watcher-argv.js
```
const
  fs = require('fs')
  filename = process.argv[2] ;
if (!filename) {
```

```
  throw Error("A file to watch must be specified!") ;
}
fs.watch(filename, function( )  {
  console.log("File" + filename + " just changed!") ;
}) ;
console.log("Now watching" + filename + " for changes... ") ;
```

이 파일을 wacher-argv.js로 저장한다. 그리고 다음과 같이 실행한다 (마지막의 target.txt 변수를 주목하라):

```
$ node --harmony watcher-argv.js target.txt
Now watching target.txt for changes...
```

이제 첫 번째 watcher.js 프로그램과 같은 출력과 반응을 보게 될 것이다. 즉, *Now watching target.txt for changes...*를 출력하고 나서 다시 충실하게 대상 파일의 변경을 지키고 있을 것이다.

이 프로그램은 process.argv를 사용해 명령행 변수에 접근한다. argv는 *argument vector*를 나타내는데, node 그리고 watcher-argv.js로의 전체 경로를 첫 두 요소로 포함하는 배열이다. 세 번째 요소 (인덱스 번호는 2)가 우리의 대상 파일인 target.txt이다.

대상 파일의 이름이 명시되지 않으면 프로그램이 강제로 예외를 발생시킨다는 것을 주목하자. target.txt의 변수를 빠뜨려 보면 알 수 있다:

```
$ node --harmony watcher-argv.js

/full/path/to/script/watcher-argv.js:7
    throw Error ("A file to watch must be specified!");
          ^
Error:  A file to watch must be specified!
```

Node에서 처리하지 못한 예외는 프로세스를 중단시킨다. 예외 출력은 예외가 발생한 파일, 줄 번호, 위치를 알려준다.

프로세스는 Node에서 매우 중요하다. Node 개발에서는 작업을 나누기 위해 별개의 프로세스를 만드는 것이 아주 일반적이다. 모든 것을 하나의 큰 Node 프로그램 안에 쏟아 붓지 않는다. 다음으로 Node에서 어떻게 자식 프로세스를 생성하는지 알아보자.

자식 프로세스 생성하기

우리의 파일 감시 프로그램 예제를 좀 더 향상시켜서 파일이 변경될 때 자식 프로세스를 생성하도록 만들어 보자. 이를 위해 Node의 `child-process` 모듈을 사용하고 일부 패턴과 클래스를 살펴볼 것이다. 스트림(Stream)을 사용해서 어떻게 데이터를 운반하는지도 배울 것이다.

예제 프로그램을 간단히 만들기 위해서 `-lh` 옵션과 함께 `ls` 커맨드를 실행하도록 작성한다. 이럼으로써 대상 파일에 변경이 일어날 때마다 정보를 받을 수 있다. 다른 종류의 프로세스를 생성하는 데도 같은 방식을 사용할 수 있다.

편집기를 열고 다음을 입력한다:

file-system/watcher-spawn.js

```
"use strict" ;
const
  fs = require('fs')
  spawn = require('child_process').spawn,
  filename = process.argv[2];

if (!filename)  {
  throw Error("A file to watch must be specified!");
}

fs.watch(filename, function( ) {
  let ls = spawn{'ls', ['-lh', filename]);
  ls.stdout.pipe(process.stdout);
}) ;
console.log("Now watching " + filename + " for changes...");
```

이 파일을 `watcher-spawn.js`로 저장하고 앞에서처럼 `node`로 실행한다.

```
$ node --harmony watcher-spawn.js target.txt
Now watching taget.txt for changes...
```

다른 콘솔에 가서 대상 파일을 touch하면 Node 프로그램에서 다음과 같이 출력을 보낼 것이다:

```
-rw-r-r--   1 jimbo staff   0B Dec   19  22:45 target.txt
```

사용자명, 그룹 그리고 파일의 여타 정보들은 앞의 출력과는 다를 수 있지만 형식은 같을 것이다.

방금 만든 프로그램은 맨 위의 "use strict"라는 문자열로 시작한다. strict 모드(mode)는 ECMAScript 버전 5에서 도입되었는데, 자바스크립트 언어 특징 중 일부 문제가 있던 것들을 비활성화 시키거나 강제로 예외를 발생시킨다. 대부분의 경우 strict 모드를 쓰는 것이 좋다고 할 수 있다.

strict 모드 역시 ECMAScript Harmony의 일부 특성을 사용하도록 되어 있다. 이를테면 키워드 let 같이 const · let도 변수를 선언한다. 하지만 let으로 선언된 변수에는 값을 몇 번이고 할당할 수 있다.

Harmony의 특성들 (이를테면 let 같은)을 사용하려면 --harmony 플래그(flag)를 사용해야 한다는 것을 명심하라. const같은 경우는 이미 --harmony 플래그 없이도 쓸 수 있지만 let의 경우는 아니다.

다음으로는 프로그램의 시작부에 새로운 require()를 더했음을 주목하자. require('child_process')를 호출하면 자식 프로세스 모듈을 반환한다. 우리는 spawn() 함수에만 관심이 있기 때문에 그것을 같은 이름으로 상수에 저장하고 모듈의 나머지는 무시한다.

```
spawn = require('child_process'). spawn,
```

자바스크립트에서는 함수가 일등객체이기 때문에 이처럼 마음대로 변수에 직접 할당할 수 있다.

다음으로는 fs.watch()에 전달한 콜백 함수를 살펴보자.

```
function() {
  let ls = spawn ('ls', ['-lh', filename]);
  ls.stdout.pipe(process.stdout);
}
```

spawn()에 대한 첫 번째 변수는 우리가 실행하려는 프로그램의 이름이다. 이 경우는 ls이다. 두 번째 변수는 명령행 변수의 배열이다. 플래그와 대상 파일 이름을 포함하고 있다.

spawn() 함수가 반환한 객체는 ChildProcess[3] 객체이다. ChildProcess의 stdin, stdout 그리고 stderr 속성들은 데이터를 읽거나 쓰는 데 사용될 수 있는 Stream 객체이다. 자식 프로세스로부터의 표준 출력을 바로 프로그램의 표준 출력 스트림으로 전달하기를 원할 때 이 일을 해 주는 것이 pipe() 함수다.

가끔 데이터를 단순히 전달하는 대신 읽기를 원할 때가 있다. 어떻게 하는지 살펴보자.

EventEmitter로부터 데이터 읽기

EventEmitter는 Node에서 매우 중요한 클래스이다.[4] EventEmitter는 리스너(listener)들에게 이벤트를 통보하는 채널을 제공한다. Node 프로그램을 하면서 앞에서 본 Stream과 같이 EventEmitter를 상속한 많은 클래스를 접하게 될 것이다.

이제 이전 프로그램을 수정해서 스트림상의 이벤트를 리스닝하여 자식 프로세스의 출력을 읽도록 해 보자. watcher-spawn.js 파일에 편집기를 열어 fs.watch() 호출을 찾아보자. 그리고 그것을 다음과 같이 바꾼다.

file-system/watcher-spawn-parse.js

```
fs.watch(filename, function() {
  let
    ls = spawn('ls' , ['-lh' , filename] ) ;
```

3 http://nodejs.org/api/child_process.html

4 http://nodejs.org/api/events.html

```
    output = '' ;
  ls.stdout.on('data' , function(chunk) {
    output += chunk.toString( ) ;
  }) ;

  ls.on('close' , function( ){
    let parts = output.split(/ls+/) ;
    console.dir([parts[0], parts[4], parts[8] ] ) ;
  }) ;
}) ;
```

수정한 파일을 watcher-spawn-parse.js로 저장한 후 실행한다. 그리고 다른 터미널에서 대상 파일을 touch하면 다음과 같은 결과를 보게 될 것이다:

```
$ node --harmony watcher-spawn-parse.js target.txt
Now watching target.txt for changes...
[ '-rw-r--r--', '0B', 'target.txt' ]
```

새로운 콜백은 이전과 같이 자식 프로세스를 생성하고 이것을 ls라는 변수에 할당하는 것으로 시작한다. output 변수도 생성하는데, 이것은 자식 프로세스로부터 오는 출력의 버퍼 역할을 한다.

다음으로 **이벤트 리스너**(*event listener*)를 더한다. 이벤트 리스너는 특정 타입의 이벤트가 전달되었을 때 작동하는 콜백 함수다. Stream 클래스는 EventEmitter를 상속했기 때문에 자식 프로세스의 표준 출력 스트림으로부터의 이벤트를 리스닝할 수 있다.

```
ls.stdout.on('data' , function(chunk) {
  output += chunk.toString( );
}) ;
```

on() 함수는 특정 이벤트 타입에 대한 리스너를 더한다. 우리는 스트림에서 나오는 데이터에 관심이 있기 때문에 data 이벤트를 리스닝 한다.

이벤트는 추가정보를 같이 보낼 수 있는데, 이것들은 콜백에 대한 변수 형태로 도착한다. 특히, 데이터 이벤트는 버퍼 객체[5]를 같이 보낸다. 매번 데이터 버퍼 객체를

5 http://nodejs.org/api/buffer.html

받을 때마다 그것을 출력에 덧붙인다.

버퍼(*Buffer*)는 Node가 바이너리(binary) 데이터를 표현하는 방법이다. 이것은 자바스크립트 엔진의 범위를 넘어서 Node의 코어에 의해 할당된 메모리의 한 부분을 가리킨다. 버퍼의 크기는 조절할 수 없으며 자바스크립트 문자열로부터 전환하거나 전환시키기 위해서는 인코딩(encoding)과 디코딩(decoding)이 필요하다.

toString() 함수를 호출하면 Node의 기본 인코딩(UTF-8)을 사용해서 버퍼의 내용을 자바스크립트 문자열로 바꿔준다. 이 말은 콘텐츠를 Node의 힙(heap)으로 복사한다는 것인데, 상대적으로 시간이 걸리는 작업일 수 있다. 만약 할 수 있다면 버퍼를 직접 다루는 것이 더 낫지만, 편의성에서는 문자열을 직접 다루는 것이 낫다.

Stream처럼 ChildProcess 클래스는 EventEmitter를 확장한다. 따라서 ChildClass에도 리스너를 더할 수 있다.

```
ls.on('close' , function( ) {
  let parts = output.split(/|s+/) ;
  console.dir([parts[0], parts[4], parts[8]]) ;
}) ;
```

자식 프로세스가 종료되고 그 모든 스트림이 플러시(flush) 되고 나면 close 이벤트가 발생한다. 콜백 함수는 하나 이상의 화이트스페이스 문자들(whitespace characters) (\s+/ 정규표현식 사용)을 기준으로 출력 데이터를 나누어 읽는다. 마지막으로 console.dir()을 이용해서 각각 권한, 크기, 파일명에 해당하는 1번째, 5번째, 그리고 9번째 값(인덱스는 0, 4, 8)을 출력한다.

지금까지 파일 감시라는 작은 문제에서 Node의 많은 특성을 살펴보았다. EventEmitter, Stream, ChildProcess, 그리고 Buffer를 포함하는 Node의 주요 클래스들을 어떻게 활용하는지도 이제 알 것이다. 또한, 비동기 콜백 함수를 쓰고 이벤트 루프를 코딩하는 것도 직접 체험해 봤다.

이제 우리의 파일 시스템 여행의 다음 단계에서는 이 개념들을 좀 더 확장해 파일을 읽고 써 보자.

비동기식으로 파일 읽기와 쓰기

앞에서는 파일의 변경을 감시하는 일련의 Node 프로그램들을 작성해 보았다. 이제는 Node로 파일을 읽고 쓰는 방법에 대해 알아보자. 이 과정에서 EventEmitters의 에러 이벤트와 err 콜백 변수라는 Node의 두 가지 일반적 에러 처리 패턴을 보게 될 것이다.

Node에서는 파일을 읽고 쓰는 데 있어 몇 가지 다른 접근법이 있다. 가장 단순한 방법은 한 번에 전체 파일을 읽어 들이거나 쓰는 것이다. 이 테크닉은 작은 파일에 사용할 수 있다. 다른 접근법은 Stream 객체를 생성하거나 버퍼에 콘텐츠를 올려서 읽거나 쓰는 것이다. 먼저 한 번에 전체 파일을 다루는 예부터 살펴보자:

file-system/read-simple.js

```
const fs = require ('fs') ;
fs.readFile('target.txt' , function (err, data) {
  if (err) {
    throw err ;
  }
  console.log(data.toString( ) ) ;
}) ;
```

이 파일을 read-simple.js로 저장하고 node --harmony:로 실행한다.

```
$ node --harmony  read-simple.js
```

이제 명령행에 target.txt의 내용이 출력될 것이다. 만약 파일이 비어 있다면 빈 줄만 표시된다.

readFile() 콜백 함수의 첫 번째 변수가 err인 것을 주목하자. 만약 readFile()이 성공하면 err는 false가 될 것이다. 실패할 경우에는 err는 Error 객체를 포함한다. 이게 Node의 일반적인 에러 보고 패턴이다. 특히, 빌트인 모듈에서는 더욱 그렇다. 이 예제 케이스에서는 에러가 있을 경우 처리하지 않고 전달한다. 처리되지 않은 예외는 이벤트 루프를 빠져 나감으로써 프로그램을 종료시킨다.

콜백 함수의 두 번째 변수인 data는 버퍼다; 이전 섹션에서 다양한 콜백 함수에게 건네진 바로 그 버퍼가 맞다.

전체 파일을 한 번에 쓰는 것도 비슷하다. 다음의 예를 보자:

```
file-system/write-simple.js
const fs = require ('fs') ;
fs.writeFile('target.txt' , 'a witty message' , function (err) {
  if (err) {
    throw err ;
  }
  console.log("File saved!");
}) ;
```

이 프로그램은 `target.txt` 파일에 "a witty message"를 기록한다(`target.txt` 파일이 없을 경우 새로 생성하고, 있을 경우 덮어쓴다). 어떤 이유에서건 파일에 쓸 수가 없다면 `err` 변수는 `Error` 객체를 담게 될 것이다.

읽기 및 쓰기 스트림 만들기

`fs.createReadStream()`과 `fs.createWriteStream()`을 사용해서 읽기 스트림과 쓰기 스트림을 각각 만들어 보자. 다음의 `cat.js`라는 아주 짧은 프로그램은 파일 스트림을 이용해서 파일의 내용을 표준 출력을 통해 표시한다.

```
file-system/cat.js
#!/use/bin/env node --harmony
require('fs').createReadStream(process.argv[2]).pipe(process.stdout);
```

이 프로그램은 첫 번째 줄이 `#!`로 시작하기 때문에 Unix 계열 시스템에서 바로 실행할 수 있다. node 프로그램으로 실행할 필요가 없다.

이것을 chmod를 사용해 실행 가능하게 만들어 보자:

```
$ chmod +x cat.js
```

다음은 선택된 파일의 이름을 추가적인 변수로 보낸다:

```
$ ./cat.js <file_name>
```

cat.js의 코드는 fs 모듈을 변수에 할당하지 않는다. require() 함수가 모듈 객체를 반환하면, 직접 함수를 호출할 수 있다.

또한, pipe()를 부르는 대신 파일 스트림으로부터 data 이벤트를 리스닝할 수도 있다. 다음의 read-stream.js 프로그램을 살펴보자:

file-system/read-stream.js

```
const
  fs = require('fs')
  stream = fs.createReadStream(process.argv[2]) ;
stream.on('data' , function(chunk) {
  process.stdout.write(chunk) ;
});
stream.on('error' , function(err) {
  process.stderr.write("ERROR: " + err.message + "\n") ;
});
```

여기서는 데이터를 출력하는 데 console.log()대신 process.stdout.write()를 사용했다. 수신되는 데이터에는 이미 줄바꿈 문자가 들어있기 때문에 console.log() 함수가 추가하는 줄바꿈이 필요 없기 때문이다.

EventEmitter로 작업할 때 error 이벤트가 발생하는 것을 리스닝해서 오류를 처리한다. 한 번 오류를 발생시켜서 무슨 일이 벌어지는지 보자. 프로그램을 작동시켜 존재하지 않는 파일을 지정하자:

```
$ node --harmony read-stream.js no-such file
ERROR: ENOENT, open 'no-such-file'
```

error 이벤트를 리스닝하고 있기 때문에 Node는 핸들러를 작동시켜 정상적으로 종료되도록 한다. error 이벤트를 리스닝하지 않고 있는 상태에서 오류가 발생하면, Node는 예외를 발생시키고, 처리되지 않은 예외는 프로그램을 종료시킨다.

동기식 파일 접근으로 이벤트 루프를 블로킹하기

지금까지 얘기한 파일 접근 함수는 **비동기식**이다. 이 방법은 I/O 작업을 전적으로 백그라운드에서 실행하며—필요에 따라 기다리면서—나중에 콜백을 호출한다. 이것이

Node에서 선호하는 I/O 작업 방식이다.

하지만 fs 모듈의 많은 함수들은 동기식 버전도 가지고 있다. 동기식 함수들의 이름은 이를테면 readFileSync처럼 **Sync*로 끝난다. 과거에 비동기식 개발을 많이 해보지 않았다면 동기식 파일 접근이 친숙해 보일 수 있다. 하지만 이 방법은 치러야 할 대가가 만만치 않다.

*Sync 함수를 사용하면 I/O 작업이 끝날 때까지 Node.js 프로세스가 **블록된다**. 이 말은 Node가 다른 어떤 코드도 실행하지 않으며, 어떤 콜백도 호출하지 않고, 어떤 이벤트도 진행하지 않으며, 어떤 연결도 허용하지 않는다는 것을 의미한다. 말 그대로 아무것도 하지 않는다. 그냥 터미널 앞에 앉아 하염없이 I/O 작업이 끝나기만을 기다리는 것이다.

하지만 동기식 함수는 콜백이 없기 때문에 사용하기가 더 간편하다. 동기식 함수는 성공할 경우 값을 반환하거나 예외를 강제 발생시킨다. 실제로 이런 동기식 방식이 문제가 안 되는 경우도 있다. 다음에서 논의해 보자.

readFileSync() 함수를 이용해 어떻게 파일을 읽는지에 대한 예이다:

```
const
  fs = required('fs')
  data = fs.readFileSync('target.txt');
process.stdout.write(data.toString()) ;
```

readFileSync()의 반환 값은 버퍼이다. 앞에서 보았던 비동기 readFile() 방법에서 콜백에 건네진 것과 같은 것이다.

파일 시스템 관련 다른 작업 수행하기

Node의 fs 모듈은 POSIX 규약에 아주 잘 부합하는 다른 함수를 많이 가지고 있다(POSIX는 운영 시스템 간의 상호 호환성을 위한 표준이다. 물론 파일 시스템 유틸리티도 포함한다). 몇 가지 예를 들어보면, 여러분은 파일을 copy()하고 그것들을 unlink()(삭제)할 수 있다. 또 chmod()를 사용해서 권한을 바꾸고 mkdir()를 이용해서 디렉토리를 생성한다.

이 함수들은 우리가 이 장에서 사용했던 것과 같은 종류의 콜백 변수에 의존한다. 기본적으로 모두 비동기지만 상응하는 *Sync 버전이 있는 것들도 많다.

Node 프로그램의 두 단계

블로킹이 Node 이벤트 루프에 끼치는 비용을 생각하면 동기식 파일 접근이 항상 나쁘다고 생각할 수도 있다. 동기식 파일 접근이 문제가 안 되는 경우를 이해하기 위해 Node 프로그래밍이 두 단계로 나눠져 있다고 생각해 보자.

첫 시작 단계는 프로그램을 준비하고, 라이브러리를 가져오고, 설정 변수를 읽고, 그 외 다른 필수적인 작업들을 한다. 이 초기 단계에서 뭔가 잘못되면 제대로 작업들을 수행할 수 없기 때문에 안 된다면 빨리 안 되는 게 오히려 최선이다. 따라서 프로그래밍에서 동기식 파일 접근을 고려할 수 있는 유일한 때가 바로 이 시작 단계이다.

두 번째 단계는 프로그램이 이벤트 루프를 휘젓고 다니는, 실제 작업 단계이다. 많은 Node 프로그램들이 네트워크에 연결되어 연결을 수락하고, 요청을 보내고, 다른 종류의 I/O 등을 기다려야 하는 단계다. 이 단계에서는 **절대로** 동기적 파일 접근 방식을 사용해서는 안 된다.

`require()` 함수는 이 원칙의 실제 적용 예이다. 이것은 동기식으로 대상 모듈의 코드를 평가하고 모듈 객체를 반환한다. 모듈이 성공적으로 로딩 되거나 아니면 프로그램은 바로 실패할 것이다.

경험으로 볼 때 만약 파일 없이는 프로그램이 작동할 수 없을 것 같다면 동기식 파일 접근을 사용해도 좋다. 반면에 파일이 없어도 그 프로그램이 계속 작동할 것 같다면 오류에 강하게 프로그램을 구현하고 비동기 I/O 방식을 사용하는 편이 더 나을 것이다.

요약 정리

이 장에서 우리는 Node를 이용해서 이벤트 기반의, 비동기, 콜백 지향의 방법으로 파일 작업을 수행해 보았다. 파일의 변경을 어떻게 감시하는지, 그리고 어떻게 파일을 읽고 쓰는지도 배웠다. 또 자식 프로세스를 어떻게 생성하고 명령행 변수에 어떻게 접근하는지도 배웠다.

도중에 EventEmiiter 클래스를 다뤘고, on() 함수를 사용해 이벤트를 리스닝하고 콜백 함수에서 이벤트를 처리했다. EventEmitter의 특수한 형태인 Stream 클래스를 사용해서 데이터를 버퍼에 저장된 형태의 데이터를 처리하거나 다른 스트림으로 바로 보내기도 했다.

그리고 에러에 대해서도 잊지 말아야 한다. Err 변수를 콜백에게 건네는 Node의 방식과 EventEmitter로부터 어떻게 error 이벤트를 읽는지 잘 기억해야 한다.

이러한 패턴들은 책을 읽어 나가면서 꼭 기억해야 한다. 서드-파티 라이브러리(Third-party libraries)는 가끔 다른 스타일을 가지고 있을 수 있다. 하지만 여기서 독자들이 배운 개념들은 Node 의 생태계에서 계속해서 재등장할 것이다.

다음 장에서는 서버 사이드 I/O의 다른 형태인 네트워크 연결에 대해 좀 더 깊이 파헤친다. 이번 장에서 개발된 개념들과 연습을 통해 네트워크 서비스 영역을 탐구할 것이다.

새로 배운 Node 지식을 테스트 하기 위해 보너스 문제 몇 가지를 풀어보자.

코드 강화하기

이 장에서 우리가 개발한 다양한 예제 프로그램들은 안전 점검이 많이 결여되어 있다. 다음과 같은 상황에 잘 대응할 수 있도록 어떻게 코드를 바꿀지 고민해 보라:

- 파일 감시 예제에서 만약 대상 파일이 존재하지 않는다면 어떻게 되는가?
- 감시하고 있는 파일이 지워졌다면 어떤 일이 벌어지는가?

기능 확장하기

파일 감시 프로그램의 초기 예에서 우리는 `process.argv`로부터 감시할 파일 이름을 읽었다. 다음 질문들에 대해서 고민해 보라:

- `process.argv`에서 읽은 **변수로 생성할 프로세스**를 설정할 수 있는가?
- `process.argv`로부터 읽은 임의의 수의 변수(이를테면 `node --harmony watcher-hw.js ls -l -h`)를 어떻게 생성된 프로세스에 전달할 것인가?

CHAPTER 3

소켓으로 네트워킹 하기

Node.js는 밑바닥부터 꼭대기까지 네트워크 프로그래밍을 위해 만들어진 것이다. 이번 장에서는 로-레벨 소켓 연결을 위한 Node의 빌트-인 지원 내용을 알아보겠다. TCP 소켓은 오늘날 네트워크로 연결된 애플리케이션의 근간을 이루는 것이다. 따라서 이것을 잘 이해하는 것이 이 책의 나머지 부분에서 다루어질 좀 더 복잡한 네트워킹을 하는 데 도움이 될 것이다.

소켓-기반의 서버와 클라이언트를 개발하면서 다음과 같은 점을 배울 것이다.

아키텍처와 코어

전 장에서 살펴본 비동기식 프로그래밍 기법은 더욱 중요해 진다. `EventEmitter` 같은 Node.js 클래스를 어떻게 확장하는지 배우고 코드를 재활용하기 위한 커스텀(custom) 모듈도 만들어 볼 것이다.

패턴

네트워크 연결은 두 개의 종점을 가지고 있다. 일반적인 패턴은 한 쪽 끝이 서버 역할을 하고 그 반대쪽이 클라이언트가 되는 것이다. 이 장에서는 이 두 종류의 종점과 클라이언트/서버 통신을 위한 (JSON)-기반의 프로토콜을 만들 것이다.

자바스크립티즘

자바스크립트 언어는 재미있는 상속 모델을 가지고 있다. 객체 간에 클래스 같은 관계를 생성하기 위한 Node의 유틸리티에 대해서 배우게 될 것이다.

지원 코드

테스팅은 우리의 프로그램이 기대대로 작동하고 있는지를 확신하는 데 있어 매우 중요하다. 이 장에서는 프로토콜의 극단적 케이스를 살펴보기 위해 제대로 돌아가지 않는 테스트 서버를 개발할 것이다.

시작을 위해 간단하지만 제대로 된 TCP 서버 프로그램을 개발한다. 그리고 견고성, 모듈성, 테스트 용이성 같은 주요 관심사들을 다뤄가면서 반복해서 개선 해 나갈 것이다.

소켓 연결 리스닝

네트워크 된 서비스는 두 가지를 하기 위해 존재한다: 종점들을 연결하고 그 사이에 정보를 전송하는 것이다. 어떤 종류의 정보가 전송되든 상관없이 먼저 연결이 되어야 한다.

이 섹션에서는 어떻게 Node.js를 이용해서 소켓-기반의 서비스를 만드는가를 배울 것이다. 연결된 클라이언트에게 데이터를 보내는 예제 애플리케이션을 만들고, 표준 명령행 도구를 사용해서 이 서비스에 연결할 것이다. 이 장이 끝날 때쯤에는 독자들은 어떻게 Node가 클라이언트 서버 패턴을 수행하는지 잘 이해할 수 있게 될 것이다.

3

TCP 포트에 서버 바인딩(binding)하기

TCP 소켓 연결은 두 **종점**으로 구성된다. 한 쪽은 번호가 매겨진 포트에 **바인드**하고 다른 한쪽은 그냥 포트에 **연결**된다.

많은 부분이 전화 시스템과 흡사하다. 전화는 주어진 전화 번호를 오랜 동안 바인드한다. 다른 전화기는 설정된 번호에 전화를 건다. 걸려오는 전화를 받고 연결이 되면 정보(목소리)가 양쪽으로 오고 갈 수 있게 된다.

Node.js에서 바인드와 연결 작업은 net 모듈이 제공한다. TCP 포트가 연결을 리스닝하도록 바인드하는 것은 다음과 같다:

```
"use strict";
const
net = require('net')
server = net.createServer(function(connection) {
  //use connection object for data transfer
});
server.listen(5432);
```

net.createServer() 함수는 콜백 함수를 변수로 받고 Server 객체를 반환한다. Node는 다른 클라이언트가 연결될 때마다 콜백 함수를 작동시킨다. connection 변수는 데이터를 주거나 받을 때 사용할 수 있는 Socket 객체이다.

server.listen()을 호출하면 특정 포트를 바인드한다. 앞의 예의 경우 TCP 포트

5432를 바인드한다. **그림 4. 리스닝을 위해 TCP 소켓을 바인드하는 Node.js 서버**는 이 기본적인 설정을 잘 설명하고 있다. 이 그림은 TCP 포트를 바인드하는 서버를 가진 Node.js 프로세스를 보여주고 있다. 얼마든지 많은 클라이언트들이—Node.js 프로세스이던 아니던 상관없이—그 바인딩 된 포트에 연결할 수 있다.

[그림 4] 리스닝을 위해 TCP 소켓을 바인드하는 Node.js 서버

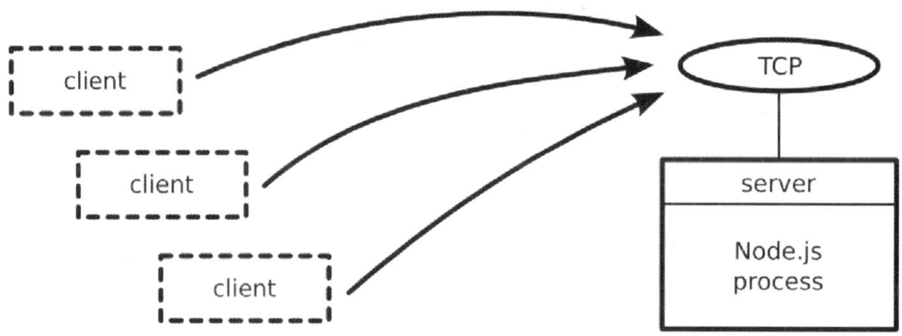

우리의 서버 프로그램은 아직 연결 후 아무런 작업을 하지 않는다. 이제 이것을 이용해서 클라이언트에게 유용한 정보를 좀 보내 보도록 하자.

소켓에 데이터 쓰기

page 11, 제2장 파일 시스템 다루기에서는 대상 파일이 변경될 때마다 반응하는 간단한 파일 유틸리티를 개발했었다. 네트워크 서비스 예제를 위해 그 파일 변경을 정보의 소스로 다시 활용해 보자. 이 과정에서 Node.js 개발의 여러 측면들을 살펴보며, 뭔가 코딩할 거리가 만들어진다.

편집기를 열고 다음의 내용을 입력한다:

networking/net-watcher.js

```
'use strict'
const


  fs = require('fs'),
```

```
  net = require('net'),

  filename = process.argv[2],

  server = net.createServer(function(connection) {

    // reporting
    console.log('Subscriber connected.');
    connection.write("Now watching '" + filename + "' for changes...\n");

    // watcher setup
    let watcher = fs.watch(filename, function( ) {
      connection.write("File '"+ filename + "' changed: " + Date.now() + "\n");
    });

    // cleanup
    connection.on('close' , function( ) {
      console.log('Subscriber disconnected. ');
      watcher.close( ) ;
    });

  });

if (!filename) {
  throw Error('No target filename was specified.' );
}
server.listen(5432, function( ) {
  console.log('Listening for subscribers... ');
});
```

3

이 파일을 net-watcher.js로 저장한다. 이 코드의 대부분은 앞의 예들에서 가져온 것들이기 때문에 상당히 친숙해 보일 것이다. net-watcher 프로그램의 새로운 부분은 createServer()에 속한 콜백 함수 안에서 시작된다. 이 콜백 함수는 다음의 3가지를 수행한다:

- 연결이 정상적으로 되었음을 connection.write로 클라이언트와 콘솔에 보고한다.
- 반환된 watcher 객체를 저장하고 대상 파일의 변경을 감시하기 시작한다. 변경이 있을 경우 콜백은 connection.write를 사용해서 클라이언트에 변경 정보를 보낸다.

- 연결의 `close` 이벤트를 리스닝하고 있다가 구독 프로그램(subscriber)의 연결이 끊어지면 보고한다. 그리고 `watcher.close()`로 파일 감시를 중단한다.

마지막으로 맨 끝 줄의 `server.listen()`에 들어가 있는 콜백 함수를 주의해 보자. Node는 포트 5432를 성공적으로 바인드하고 연결에 대한 준비가 되면 이 함수를 작동한다.

Telnet으로 TCP 소켓 서버에 연결하기

이제 net-watcher 프로그램을 실행하고 우리가 기대하던 대로 작동하는지 확인해 보자. 이 작업을 위해서는 약간의 터미널 조작이 필요하다.

net-watcher 프로그램을 실행하고 테스트하기 위해서는 세 개의 터미널 세션이 필요하다: 하나는 서비스 자체를 위한 것, 또 하나는 클라이언트를 위한 것, 그리고 마지막은 대상 파일을 변경시키기 위한 것이다:

```
$ node --harmony net-watcher.js target.txt
Listening for subscribers...
```

이 명령은 TCP 포트 5432를 리스닝하는 서비스를 생성한다. 여기에 연결하려면 두 번째 터미널을 열고 다음과 같이 `telnet` 프로그램을 사용한다:

```
$ telnet localhost 5432
Trying 127.0.0.1...
Connected to localhost.
Escape character is '^]'.
Now watching target.txt for changes...
```

다시 처음 터미널로 돌아가면 다음이 보일 것이다.

```
Subscriber connected.
```

마지막으로 대상 파일을 변경하기 위해 세 번째 터미널을 열어 `target.txt`를 `touch` 한다.

```
$ touch target.txt
```

잠시 후 telnet 터미널에서 다음과 같은 행을 보게 될 것이다:

```
File 'target.txt' changed: Sat Jan 12 2013 12:35:52 GMT-0500 (EST)
```

telnet 세션은 Ctrl-] 그리고 Ctrl-C를 입력하면 끝낼 수 있다. 그러고 나면 첫 번째 터미널에서 다음과 같은 줄을 볼 수 있을 것이다:

```
Subscriber disconnected.
```

net-watcher 서비스를 종료하기 위해서는 Ctrl-C를 해당 터미널에서 입력한다.

다음의 그림은 이상의 설정을 보여주는 것이다. net-watcher process(상자)가 TCP 포트에 바인드하고 파일을 감시한다. 파일 및 포트는 다원형으로 표시되어 있다.

파일을 감시하고 변경 시 연결된 TCP 클라이언트에게 보고하는 Node.js 프로그램 [그림 5]

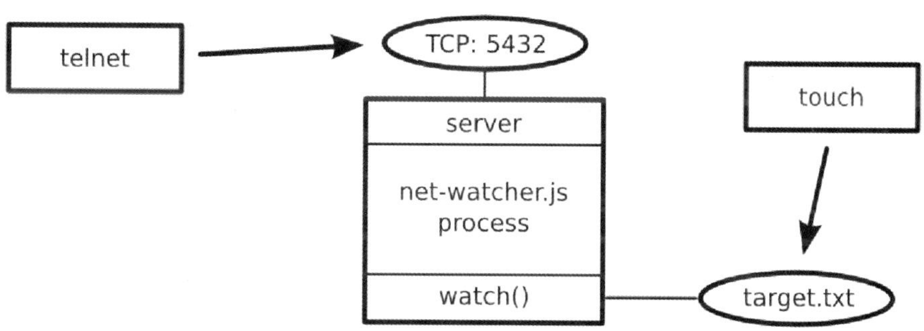

많은 구독 프로그램들이 동시에 연결해서 업데이트를 받아 볼 수 있다. 만약 추가로 터미널을 열어 telnet으로 포트 5432에 연결한다면 대상 파일을 touch 했을 때 모두가 업데이트를 받게 될 것이다.

TCP 소켓은 네트워크 된 컴퓨터들 간의 통신에 유용하다. 하지만 동일 컴퓨터 상에서 통신을 하기 위한 프로세스가 필요하다면 Unix 소켓이 좀 더 효율적인 대안이다. net 모듈 또한 이런 종류의 소켓을 생성할 수 있는데, 다음에서 그것을 살펴보도록 하자.

Unix 소켓에서의 리스닝

net 모듈이 어떻게 Unix 소켓을 이용하는지 알아보기 위해 net-watcher 프로그램을 수정한다. Unix 소켓은 유닉스 계열의 환경에서만 작동한다는 것에 유념하자.

net-watcher.js 프로그램을 열어 server.listen() 섹션을 다음과 같이 바꾼다:

```
server.listen('/tmp/watcher.sock', function() {
  console.log ('Listening for subscribers…');
});
```

이 파일을 net-watcher-unix.js로 저장하고 이전처럼 프로그램을 실행한다:

```
$ node --harmony net-watcher-unix.js target.txt
Listening for subscribers...
```

클라이언트를 연결하는 데는 이제 telnet 대신 nc가 필요하다. nc는 netcat의 약자인데, Unix 소켓도 지원하는 TCP/UDP 소켓 유틸리티 프로그램이다.

```
$ nc -U /tmp/watcher.sock
Now watching target.txt for changes...
```

Unix 소켓은 네트워크 하드웨어를 작동시킬 필요가 없기 때문에 TCP 소켓보다 빠를 수 있다. 그러나 시스템 내부에서만 작동한다.

여기까지가 Node에서 네트워크 소켓 서버를 생성하는 기본에 관한 내용이다. 어떻게 소켓 서버를 생성하고, 또 telnet과 nc 같은 일반 클라이언트 유틸리티 프로그램을 사용해서 소켓 서버에 연결하는지 배워봤다. 이 프레임워크가 이 장의 나머지 예제들을 위한 바탕이 될 것이다.

다음으로는 파싱이 가능한 포맷으로 데이터를 변형시켜 서비스를 보강하도록 해보자. 또한, 서비스 변화에 맞추어 커스텀 클라이언트 애플리케이션도 개발해 보자.

메시징 프로토콜 구현하기

소켓 연결을 리스닝하는 소켓 서버를 Node에서 어떻게 만드는가를 간단히 살펴보았다. 이제까지 우리가 만든 예제 프로그램들은 사람들이 읽을 수 있는 단순 텍스트 메시지를 보냈다. 이 섹션에서는 좀 더 나은 프로토콜을 디자인하고 구현할 것이다.

프로토콜은 시스템상의 종점들이 어떻게 통신하는지를 정한 규약이다. Node에서 네트워크 애플리케이션을 개발할 때는 언제나 하나 혹은 그 이상의 프로토콜을 다루게 된다. 여기서는 TCP를 통해 JSON[1] 인코딩된 메시지를 전달하는 프로토콜을 만들 것이다.

JSON은 Node.js와 자바스크립트 프로그래밍에서 놀랄 만큼 널리 퍼져 있다. 이 책 전반을 통해서도 데이터 직렬화 및 환경 설정에 JSON을 광범위하게 활용할 것이다. JSON은 평이한 텍스트보다 클라이언트 프로그래밍이 훨씬 더 쉽고 그러면서도 사람이 읽을 수 있는 형태를 띠고 있다.

우리는 JSON 기반의 새로운 프로토콜을 사용하는 클라이언트와 서버를 구현할 것이다. 이 과정에서 테스트 케이스를 개발하고 코드를 리팩토링(refactoring)해서 재사용 가능한 모듈로 만들 기회가 생길 것이다.

JSON으로 메시지 직렬화하기

메시지 직렬화를 위해 JSON을 이용하는 메시지 전달 프로토콜을 만들어 보자. 각각의 메시지는 JSON-직렬화된 객체인데 이것은 키-값 짝이다. 다음은 두 개의 키-값 짝으로 된 JSON 객체의 예다:

```
{"key":"value","anotherKey":"anotherValue"}
```

이번 장에서 개발해온 net-watcher 서비스는 JSON으로 전환해야 하는 두 종류의 메시지를 보낸다:

1 http://json.org/

- 처음 연결이 되면 클라이언트는 *Now watching target.txt for changes...*라는 문자열을 받게 된다.
- 대상 파일이 변경될 때마다 클라이언트는: *File 'target.txt' changed: Sat Jan 12 2013 12:35:52 GMT-0500 (EST)*와 같은 문자열을 받는다.

처음 유형의 메시지는 다음과 같이 인코딩 된다:

```
{"type":"watching","file":"target.txt"}
```

위의 type 필드는 이것이 **감시** 메시지라는 것을 나타낸다. file 필드는 감시 대상을 나타낸다.

두 번째 유형의 메시지는 다음과 같이 인코딩 된다:

```
{"type":"changed","file":"target.txt","timestamp":1358175733785}
```

여기서 type 필드는 대상 파일이 변경되었다는 것을 알린다. timestamp 필드는 1970년 1월 1일 자정부터 현재까지의 경과시간을 1,000분의 1초 단위로 환산한 정수 값을 포함하고 있으며 자바스크립트에서는 작업하기 쉬운 시간 포맷이다. 이를테면 Date.now()를 이용해 이 포맷으로 현재 시간을 알아낼 수 있다.

JSON 메시지에는 줄바꿈이 없다는 것에 주목하자. 비록 JSON은 화이트스페이스를 무시하지만 우리의 프로토콜에서는 줄바꿈을 이용해서 메시지를 구분한다. 이 프로토콜을 Line-Delimited JSON [LDJ]이라 부른다.

JSON 메시지로 바꾸기

이제까지 좀 더 개선된 그리고 컴퓨터가 이해하기 쉬운 프로토콜을 정의해 봤다. 이제 net-watcher 서비스가 그것을 활용하도록 수정해 보자. 그리고 나서 이 메시지들을 받고 해석하는 클라이언트 프로그램을 만들 것이다.

우리가 할 일은 JSON.stringify()를 이용해서 메시지 객체를 인코드하고 connection.write()를 통해 내보내는 것이다. net-watcher.js 프로그램에서 편집기를 열고 다음의 행을 찾아보자:

```
connection.write("Now watching '" + filename + "' for change...\n");
```

그리고 다음과 같이 바꾼다:

```
connection.write(JSON.stringify({
   type: 'watching',
   file: filename
}) + '\n') ;
```

다음으로는 watcher 안에서 `connection.write()`를 호출하는 행을 찾는다:

```
connection.write("File '" + filename + "' changed: " + Date.now() + "\n"):
```

그리고 다음으로 대체한다:

```
connection.write(JSON.stringify({
   type: 'changed',
   file: filename,
   timestamp: Date.now()
 }) + '\n');
```

이렇게 수정한 파일을 `net-watcher-json-service.js`로 저장한다. 그리고 늘 하던 대로 `node --harmony`로 실행한다. 이때 대상 파일을 지정하는 것을 잊으면 안 된다. 그리고 두 번째 터미널에서 telnet으로 연결한다.

```
$ telnet localhost 5432
Trying 127.0.0.1...
Connected to localhost.
Escape character is '^]' .
{"type":"watching","file":"target.txt"}
```

`target.txt` 파일을 `touch`하면 클라이언트로부터 다음과 같은 출력을 볼 것이다:

```
{"type":"changed","file":"target.txt","timestamp":1367038720325}
```

이제 이 메시지를 처리하는 클라이언트 프로그램을 쓸 준비가 됐다.

3

클라이언트 소켓 연결 구현하기

지금까지 Node 소켓의 서버측을 살펴보았다. 지금부터는 net-watcher-json-service 프로그램으로부터 JSON 메시지를 받는 클라이언트 프로그램을 Node로 작성할 것이다. 시작은 단순하게 하고 이 장이 끝날 때까지 개선해 나가도록 하겠다.

편집기를 열어서 다음의 내용을 입력한다.

networking/net-watcher-json-client.js

```
"use strict" ;
const
  net = require('net'),
  client = net.connect({port: 5432});
client.on('data', function(data) {
  let message = JSON.parse(data);
  if (message.type === 'watching')  {
    console.log("Now watching: " + message.file);
  } else if (message.type === 'changed')  {
    let date = new Date(message.timestamp);
    console.log("File '" + message.file + "' changed at " + date);
  } else {
    throw Error("Unrecognized message type: " + message.type);
  }
});
```

입력이 끝나면 net-watcher-json-client.js로 저장한다.

이 간단한 프로그램은 net.connect()를 사용해서 클라이언트가 로컬호스트 포트 5432에 연결하고 데이터를 기다리도록 해 준다. **클라이언트** 객체는 Socket인데 서버측에서 보았던 것과 같은 것이다.

data 이벤트가 발생되면 콜백 함수가 수신되는 버퍼 객체를 가져와 JSON 메시지를 파싱한 후 콘솔에 적절한 메시지를 표시한다.

이 프로그램을 실행하기 전에 net-watcher-json-service가 돌아가고 있는지 먼저 확인해야 한다. 그리고 나서 다른 터미널에서 클라이언트를 실행한다:

```
$ node --harmony net-watcher-json-client.js
Now watching: target.txt
```

만약 대상 파일을 touch하면 다음과 같은 출력을 보게 될 것이다:

```
File 'target.txt' changed at Mon Jan 14 2013 19:35:14 GMT-0500 (EST)
```

성공이다! 프로그램이 제대로 작동한다. 하지만 아직 완벽하고는 거리가 있다. 연결이 끝나거나 첫 시도에서 연결이 안 되었을 때 어떤 일이 벌어질지 생각해 보라. 이 프로그램은 단지 `data` 이벤트를 리스닝하는 것이지 `end` 이벤트나 `error` 이벤트는 아니다. 이러한 이벤트도 리스닝하고 있다가 해당 이벤트 발생시 적절한 행동을 취할 수 있어야 한다.

사실 우리의 코드에는 심각한 문제가 도사리고 있다. 그것은 우리가 메시지 경계에 대해 만든 가정 때문에 발생한 것이다. 다음 섹션에서는 이 버그를 드러낼 수 있는 테스트를 개발해서 고쳐 보도록 하자.

네트워크 애플리케이션의 기능 테스트

기능 테스트는 우리가 만든 코드가 바라던 대로 작동하는가를 보장하기 위한 것이다. 이 절에서는 네트워크에 연결된 파일 감시 서버와 클라이언트 프로그램을 위한 테스트를 만들 것이다. 한편에서는 LDJ 프로토콜에 부합되는 모의 서버를 만들어 클라이언트의 결함을 노출시킬 것이다.

이 테스트를 작성한 다음에는 클라이언트 코드를 고쳐서 테스트를 통과하도록 할 것이다. 이 과정에서 많은 Node의 개념들이 등장할텐데 코어 클래스를 확장하는 것, 커스텀 모듈을 만들고 사용하는 것, 그리고 `EventEmitters`를 이용하여 개발하는 것들이 포함되어 있다. 하지만 먼저 현재 개발되어 있는 클라이언트/서버 프로그램에 도사리고 있는 문제들을 이해해야만 한다.

메시지 경계 문제의 이해

Node에서 네트워크 프로그램을 개발하다 보면 프로그램들이 메시지를 교환하는 경우가 많다. 최상의 경우 메시지가 한 번에 다 도착할 것이다. 하지만 가끔 메시지가 조각조각 도착해서 별개의 data 이벤트로 나눠질 때가 있다. 네트워크 애플리케이션을 제대로 개발하기 위해서는 이와 같이 데이터가 분리되어 전달될 때 잘 처리할 수 있어야 한다.

앞에서 개발한 LDJ 프로토콜은 메시지를 줄바꿈(newline) 문자로 나눈다. 각 줄바꿈 문자는 두 개의 메시지의 **경계**가 된다. 여기 일련의 메시지와 구체적으로 호출된 줄바꿈 문자의 예가 있다:

```
{"type":"watching","file":"target.txt"}\n
{"type":"changed","file":"target.txt","timestamp":1358175758495}\n
{"type":"changed","file":"target.txt","timestamp":1358175779021}\n
```

지금까지 이번 장에서 우리가 개발한 서비스를 상기해 보자. 변경이 발생할 때마다 인코드를 해서 연결된 클라이언트에 메시지를 보내주는데, 여기에는 줄바꿈 문자가 포함되어 있다. 산출물의 각 줄은 연결된 클라이언트의 개별 data 이벤트에 대응되는 것 들이다. 다른 말로 표현하면 데이터 이벤트 경계와 메시지 경계가 정확히 일치한다는 것이다.

우리의 클라이언트 프로그램은 현재 이러한 행태에 의존하고 있다. 데이터 버퍼의 내용물을 JSON.parse()에 직접 보냄으로써 각 메시지를 파싱하는 것이다:

```
client.on ('data' function(data) {
  let message = JSON.parse(data) ;
  //...
});
```

하지만 만약 하나의 메시지가 중간에서 분리되어 두 개의 별도의 **데이터** 이벤트로 도착했다면 어떤 일이 일어날지 생각해 보자. 이런 상황은 실제 쉽게 일어날 수 있는데, 특히 긴 메시지의 경우 더 하다. 다음의 그림이 분리된 메시지의 예를 보여준다.

두 개의 data 이벤트로 분리된 하나의 JSON 메시지 [그림 6]

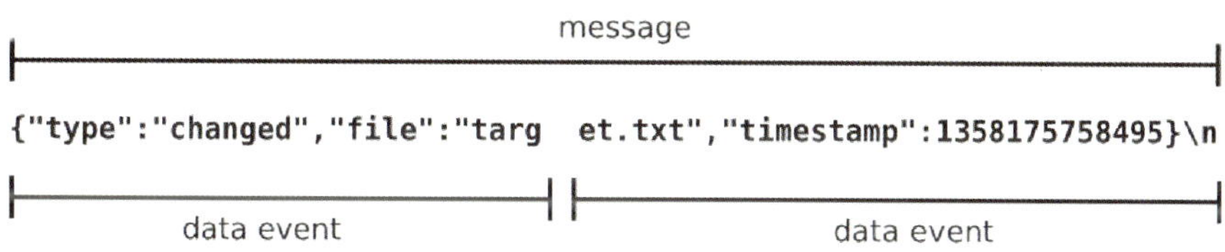

이와 같은 분리된 메시지를 보내는 테스트 서비스를 만들어 과연 클라이언트가 어떻게 반응하는지를 알아보자.

테스트 서비스의 구현

견고한 Node 애플리케이션을 개발한다는 것은 분리된 메시지, 연결 장애, 데이터 손상 등의 네트워크 문제를 적절하게 처리하는 것을 의미한다. 그럼 하나의 메시지를 의도적으로 몇 개의 조각으로 분리시키는 테스트 서비스를 구현해 보자.

편집기를 열어 다음을 입력한다:

networking/net-watcher-json-test-service.js

```
"use strict" ;
const

  net = require('net'),

  server = net.createServer(function(connection)  {

    console.log('Subscriber connected') ;

    // send the first chunk immediately
    connection.write(
      '{"type":"changed","file":"targ'
    );

    // after a one second delay, send the other chunk
    let timer = setTimeout(function(){
      connection.write('et.txt","timestamp":1358175758495}' + '\n");
      connection.end();
```

3

```
    }, 1000);

    //clear timer when the connection ends
    connection.on('end', function(){
      clearTimeout(timer) ;
      console.log('Subscriber disconnected');
    });

  });

server.listen(5432, function() {
  console.log('Test server listening for subscribers...');
});
```

이 파일을 net-watcher-json-test-service.js로 저장하고 실행한다.

```
$ node --harmony net-watcher-json-test-service.js
Test server listening for subscribers...
```

이 테스트 서비스는 이전의 net-watcher-json-service와 몇 가지 차이가 있다. 여기서는, 실제 서비스에서처럼 파일 시스템 감시를 하는 것이 아니라 미리 만들어 놓은 데이터를 보낸다.

그 다음에는 타이머를 설정해서 1초 간격을 두고 두 번째 데이터를 보낸다. setTimeout() 자바스크립트 함수는 실행할 함수와 1,000분의 1초 기준의 두 개의 변수를 취한다.

마지막으로, 연결이 끝날 때마다 clearTimeout()을 이용해서 콜백 함수 호출 스케줄을 취소한다. 콜백 함수가 실행되면 오류가 발생하기 때문에 콜백 스케줄 취소가 필요한 것이다. 연결이 끊어지면 connection.write()에 대한 모든 호출은 에러 이벤트를 발생시키게 된다.

마지막으로 클라이언트 프로그램으로 연결을 했을 때 어떤 일이 벌어지는가를 살펴보자:

```
$ node --harmony net-watcher-json-client.js

undefined: 1
{"type":"changed","file":"targ

SyntaxError: Unexpected end of input
  at Object.parse (native)
  at Socket.<anonymous> (./net-watcher-json-client.js:10:20)
  at Socket.EventEmitter.emit (events.js:96:17)
  at TCP.onread (net.js:397:14)
```

*Unexpected end of input*이라는 오류는 메시지가 완전하고 유효한 JSON이 아니라는 것을 말한다. 온전하고 적절하게 포맷된 JSON 문자열만을 입력으로 기대하는 `JSON.parse()`에 클라이언트가 반절만의 메시지를 보내려고 시도했던 것이다.

여기까지 서버로부터 보내지는 메시지가 분리된 사례의 시뮬레이션은 성공적으로 끝났다. 이제 클라이언트에서 그것을 고치는 작업을 해 보자.

커스텀 모듈에서 코어 클래스 확장하기

앞에서 우리가 개발한 Node 프로그램은 클라이언트 코드의 결함을 보여줬다. 지적한다면 입력에 대한 버퍼가 없었던 것이다. 그 결과 메시지가 복수의 데이터 이벤트 형태로 도착하면 프로그램은 작동을 멈추게 된다.

이 때문에 클라이언트 프로그램은 실제로는 두 가지 작업을 해야 한다. 하나는 수신되는 데이터를 버퍼를 이용하여 메시지로 수집하는 것이고, 또 하나는 각각의 메시지를 처리하는 것이다.

이 두 가지 작업을 하나의 Node 프로그램 안에 넣는 것보다 최소한 둘 중에 하나를 Node 모듈로 바꾸는 것이 더 맞을 것이다. 즉, 입력을 버퍼링하는 **모듈**을 따로 만들어 메인 프로그램이 전체 메시지를 확실히 받을 수 있도록 하는 것이다. 그리고 그 과정에서 커스텀 모듈과 Node에서 코어 클래스를 확장하는 것을 논의하게 될 것이다.

EventEmitter 확장하기

클라이언트 프로그램을 분리된 JSON 메시지의 위험으로부터 구해내기 위해서 LDJ 버퍼링 클라이언트 모듈을 구현한다. 그리고 구현된 모듈을 network-watcher 클라이언트에 포함시킬 것이다.

Node에서의 상속

먼저 Node에서 어떻게 상속을 구현하는지 살펴보자. 다음의 코드는 LDJClient가 EventEmitter를 상속하도록 설정하는 것이다.

networking/ldj.js
```
const
  events = require('events'),
  util = require('util'),
  // client constructor
  LDJClient = function(stream) {
    events.EventEmitter.call(this);
  };
util.inherits(LDJClient, events.EventEmitter);
```

LDJClient는 **생성자**(*constructor*) **함수**이다. 다른 코드가 인스턴스(instance)를 얻기 위해서는 new LDJClient(stream)를 호출해야 한다는 것을 의미한다. stream 변수는 Socket처럼 data 이벤트를 발생시키는 객체이다.

생성자 함수 안에서 우리는 this에 대해서 EventEmitter 생성자를 호출한다. 이 코드는 전통적인 상속개념을 가진 다른 언어에서 super()를 호출하는 것과 비슷한 것이다.

마지막으로 util.inherits()를 호출해 EventEmitter를 LDJClient의 **원형 부모**(*prototypal parent*)로 만든다. 좀 아리송하게 들리더라도 걱정 말자. 이것은 마치 전통적인 상속 모델을 사용하는 언어에서 "**클래스 LDJClient는 EventEmiitter를 상속한다**"라고 말하는 것과 같다. 따라서 만약 LDJClient에 찾고자 하는 속성이 없다면 바로 다음으로 살펴보아야 할 곳이 EventEmitter라는 것을 의미한다

자바스크립트에서는 상속을 하는 다른 방법들이 있지만 Node.js 자체 모듈은 이렇

게 하도록 구성되어 있다. 이 장의 후반부에서 대안들을 살펴보겠지만 지금은 Node.js 코어 라이브러리 스타일을 따르도록 하자.

LDJClient를 사용하기 위한 코드는 나음과 같다:

```
const client = new LDJClient(networkStream);
client.on('message' , function(message) {
  // take action for this message
});
```

클라이언트 객체가 on()함수를 직접적으로 가지고 있지는 않지만 그것의 원형 조부인 EventEmitter는 가지고 있다.

이제 상속 프레임워크는 준비 됐지만 message 이벤트 발생을 위한 것들은 아직 하나도 구현하지 않았다. 이것을 다음에 얘기하도록 하고 Node에서 data 이벤트를 버퍼링하는 것에 대해 얘기해 보자.

3

데이터 이벤트 버퍼링

이제 LDJClient에 있는 stream 변수를 사용해서 수신되는 데이터를 버퍼링 할 시간이다. 여기서는 스트림으로부터 수신되는 원 데이터를 받아서 파싱된 메시지 객체를 포함하는 message 이벤트로 전환시키는 것이 목적이다.

다음의 수정된 생성자 함수를 살펴보자. 이것은 수신되는 데이터들을 문자열 버퍼에 붙이고 라인 종료(JSON 메시지의 경계) 부분을 찾는다.

```
networking/ldj.js
LDJClient = function(stream) {
  events.EventEmitter.call(this);
  let
    self = this,
    buffer = ' ' ;
  stream.on('data' , function(data) {
    buffer += data;
    let boundary = buffer.indexOf('\n');
    while (boundary !== -1) {
      let input = buffer.substr(0, boundary);
      buffer = buffer.substr(boundary + 1);
```

```
      self.emit('message' , JSON.parse(input));
      boundary = buffer.index0f('\n');
    }
  });
};
```

이 함수는 앞에서처럼 EvnetEmitter 생성자를 호출하면서 시작한다. 그 다음은 로컬 변수 self에 this를 저장한다.

자바스크립트에서 this의 값은 각 함수들이 호출될 때 할당된다. this의 값은 고전적 언어에서처럼 특정 객체에 묶여 있지 않고 오히려 특수 변수에 가깝다.

별개의 변수(self)에 값을 저장하는 것은 우리가 데이터 핸들러 안에서 올바른 객체를 참조하고 있다는 것을 보장해준다. 자바스크립트에서는 this에 대해 신경을 많이 써야 하는데, 특히 함수 내에 있는 함수가 호출될 때 더욱 그렇다.

데이터 이벤트 핸들러 안에서는 수신되는 데이터를 버퍼 끝에 붙이고 완성된 메시지를 버퍼 앞에서 떼어낸다. 각각의 메시지 문자열은 JSON.parse()를 통해 처리하고 self.emit()를 통해 LDJClient가 message 이벤트를 발생시킨다. 이번 장 시작 때 제기되었던 문제(분리 메시지의 처리)가 효과적으로 풀렸다. 10개의 메시지가 하나의 데이터 이벤트로 오던 아니면 데이터 메시지 하나에 메시지의 반이 오던 상관없이 모두가 LDJClient 인스턴스에서 message 이벤트를 촉발시킨다.

다음으로는 이 클래스를 Node 모듈 안으로 집어 넣어 클라이언트가 사용할 수 있도록 한다.

모듈로 기능 내보내기

앞에서의 코드 예제들을 종합하여 LDJClient를 모듈로 내보내자. 편집기를 열고 다음을 입력한다:

networking/ldj.js

```
"use strict" ;
const
  events = require('events'),
  util = require('util'),
  // client constructor
```

```
LDJClient = function(stream)  {
    events.EventEmitter.call(this) ;
    let
      self = this,
      buffer = '';
    stream.on('data' , function(data)  {
      buffer += data ;
      let boundary = buffer.index0f('\n') ;
      while  (boundary !== -1)  {
        let input = buffer.substr(0, boundary) ;
        buffer = buffer.substr(boundary + 1);
        self.emit('message' , JSON.parse(input));
        boundary = buffer.indexOf('\n');
      }
    });
  };

util.inherits(LDJClient,  events.EventEmitter) ;

// expose module methods
exports.LDJClient = LDJClient;
exports.connect = function(stream)  {
  return new LDJClient(stream) ;
} ;
```


이 파일을 ldj.js로 저장한다. 이 모듈의 코드는 앞의 예제와 마지막에 있는 새로운 내보내기 섹션을 더한 것이다.

Node 모듈에서 export 객체는 모듈 코드와 바깥 세상과의 다리 역할을 한다. exports에 설정된 모든 속성들은 그 모듈을 사용하는 코드가 사용할 수 있다.

앞의 무듈에서는 LDJClient 생성자 함수와 connect()라 불리는 편의를 위하 함수를 내보낸다. connect() 함수는 모듈을 사용하는 코드가 LDJCLient 인스턴스를 생성하는 것을 좀 더 쉽게 해준다.

LDJ 모듈을 사용하기 위한 코드는 다음과 같다.

```
const
  ldj = require(' ./ldj.js') ,
  client = ldj.connect(networkStream) ;

client.on('message' , function(message)  {
  // take action for this message
}) ;
```

require() 함수가 앞에서 본 것처럼 fs, net나 util같은 약식으로 모듈 이름을 쓰는 것이 아니라 실제 경로를 적고 있음을 주목하자. 경로가 require()에 제공되면 현재 파일과 비교해 경로를 설정하려고 시도할 것이다.

이제 모듈이 완성됐다. 마지막으로 network-watching 클라이언트가 이 모듈을 사용하도록 하자.

커스텀 Node 모듈 불러오기

이제 커스텀 모듈을 활용할 시간이다. 스트림에서 바로 읽는 것보다 그걸 사용할 수 있도록 클라이언트를 수정해 보자.

편집기를 열어서 다음의 내용을 입력한다:

networking/net-watcher-ldj-client.js

```
"use strict";
const
  net = require('net'),
  ldj = require('./ldj.js'),

  netClient = net.connect({ port: 5432 }),
  ldjClient = ldj.connect(netClient);

ldjClient.on('message', function(message) {
  if (message.type === 'watching') {
    console.log("Now watching: " + message.file);
  } else if (message.type === 'changed') {
    console.log(
      "File '" + message.file + "' changed at " + new Date(message.timestamp)
    );
  } else {
```

```
    throw Error("Unrecognized message type: " + message.type);
  }
});
```

이 파일을 net-watcher-ldj-client.js로 저장한다. **Page 40의 클라이언트 소켓 연결 구현하기**에 나오는 net-watcher-json-client와 비슷하다는 것에 주목하자. 가장 큰 차이는 이 프로그램은 **데이터** 버퍼를 JSON.parse()로 직접 보내는 대신 ldj에 의존해 **메시지** 이벤트를 만들어 낸다는 것이다.

분리 메시지 문제가 해결되는지 확실히 하기 위해 먼저 테스트 서비스를 돌려 보도록 한다:

```
$ node  --harmony net-watcher-json-test-service.js
Test server listening for subscribers…
```

다음으로는 새로운 클라이언트를 이용해 연결을 한다:

```
$ node --harmony net-watcher-ldj-client.js
File 'target.txt' changed as Mon Jan 14 2013 10:02:38 GMT-0500 (EST)
```

성공이다! 이제 커스텀 메시지 포맷을 사용하여 통신하는 서버와 클라이언트를 만들었다. 좀 더 큰 주제를 다루러 가기 전에 우리가 공부한 내용을 정리해 보자.

요약 정리

이 장에서는 Node에서 어떻게 소켓 기반의 네트워크 애플리케이션을 작성하는지를 살펴보았다. 클라이언트/서버 상호작용의 양쪽 끝단을 개발하고 JSON 기반의 프로토콜을 만들어 서로 통신할 수 있도록 했다.

프로토콜에 대한 우리의 가정들이 무너지는 경우에 대비해서 테스트 케이스를 만들어 문제를 노출시켰다. 어떻게 커스텀 Node 모듈을 구현하는지를 배웠고 EventEmitter를 포함해 Node의 코어 클래스들을 어떻게 확장시키는지도 배웠다. 연속적인 데이터를 버퍼링하고 점진적으로 스캐닝해서 메시지를 찾는 기법 한 가지도 배웠다.

이 장에서 나오는 예처럼 Node에서 단순한 네트워크 애플리케이션을 작성하는 것은 그리 많은 코드를 요하지 않는다. 몇 줄 만으로도 잘 작동하는 서버나 클라이언트 애플리케이션을 만들 수 있다.

하지만 네트워크 애플리케이션이 작동 못하게 될 수 있는 모든 상황을 고려한다면 견고한 프로그램을 만드는 것은 더 어려운 작업이 될 것이다. 제4장에서는 초고성능 메시지 라이브러리를 이용해 우리의 Node 애플리케이션을 한 단계 더 끌어 올려 보자.

다음의 보너스 문제들은 이번 장에서 작성한 코드를 향상시켜서 좀 더 테스트 가능하고, 좀 더 견고하고, 또 모듈화되게 만드는 것을 요구하고 있다.

테스트 가능성

이 장에서 우리가 개발한 서버와 클라이언트 프로그램들은 어느 정도 서로 종속되어 있다. 이를테면 클라이언트 프로그램을 테스트 하기 위해서는 또 다른 서버 애플리케이션을 개발해야만 했다.

- 테스트 가능성을 높이기 위해 어떻게 기능을 나누고 노출할 수 있는가?
  힌트: 기능들을 테스트 가능한 모듈로 어떻게 분리할 것인가를 생각하라.

견고성

이 장에서 개발된 `LDJClient`는 다소 허약한 측면이 있다. 다음 질문들은 `LDJClient`를 좀 더 견고하게 구현할 수 있도록 해준다.

- 현재의 `LDJClient`는 적절하게 포맷된 JSON 문자열이 여러 줄로 나뉘어진 케이스를 처리하고 있다. 만약 수신되는 줄들이 적절하게 포맷된 JSON 문자열이 아니라면 무슨 일이 일어나는가?
- 앞 질문에서 발생된 문제가 발생하면 어떤 일이 일어나는가?
- 만약 있다면, `LDJClient`는 `message` 이벤트 말고 어떤 이벤트를 발생시켜야 하는가?

관심사 분리

`LDJClient`는 두 개의 분리 가능한 관심사를 다룬다: 수신되는 데이터를 줄로 나누는 것 그리고 줄들을 JSON으로 파싱하는 것이다. 그렇다면 어떻게 이 관심사 각각에 맞추어 두 개의 모듈로 `LDJClient`를 분리할 수 있을까?

마지막으로, 이번 장을 시작할 때 `net-watcher.js`는 각각의 연결된 클라이언트를 위해 새로운 파일 감시자를 만들었다. 만약 수천 개의 클라이언트가 연결한다면 수천 개의 파일 감시자가 만들어지는 것을 의미하는 것이다. 어떻게 파일 감시 기능과 연결된 클라이언트로 통지하는 부분을 분리시킬 수 있는가?

CHAPTER 4

견고한 메시징 서비스

Node.js로 프로그래밍을 할 때는 통상 코어 라이브러리 이외의 라이브러리도 사용한다. Node의 패키지 매니저 npm을 통하여 Node 커뮤니티에서 개발한 다양한 모듈들을 사용할 수 있다. 이번 장에서는 어떻게 서드파티 모듈을 잘 활용할 수 있는지 배울 것이다.

특히, 견고한 메시징 서비스를 Node로 작성하는 방법을 탐색해 볼 것이다. 제3장에서는 네트워크 애플리케이션 개발의 기본적 내용을 배웠다. 이제는 다음 레벨로 올라갈 때이다. 메시징 애플리케이션을 만들다 보면 Node.js 개발의 다음과 같은 측면을 보게 될 것이다.

아키텍처와 코어

Node.js는 싱글스레드 기반이다. 하지만 더 많은 프로세스를 실행함으로써 복수 코어나 프로세서를 활용할 수 있다. 이번 장에서는 Node의 `cluster` 모듈을 이용해서 Node.js 워커 프로세스 풀(worker processe pool)을 만들고 관리할 것이다.

패턴

네트워크 애플리케이션의 종점은 여러 가지 역할을 할 수 있고 다양한 방법으로 통신을 한다. 여기서는 게시/구독(Publish/subscribe), 요청/응답(request/response), 푸시/풀(push/pull) 같은 강력한 메시징 패턴에 대해 자세히 살펴볼 것이다. 이런 패턴들은 네트워크 애플리케이션 디자인에 자주 나타난다: 좋은 프로그래머가 되기 위해서는 이런 패턴을 언제 어떻게 적용하는지 알아야 한다.

자바스크립티즘

자바스크립트의 함수는 가변 변수(variadic)를 받는다. 이 말은 사전에 몇 개의 변수를 받기로 계획했던 간에 임의의 개수의 변수로 함수를 호출할 수 있다는 것이다. 우리가 사용할 메시징 라이브러리는 이러한 특성을 이용해서 메시지 데이터를 콜백 함수로 보낸다.

지원 코드

npm은 Node 에코시스템의 필수 요소이다. 이 장에서는 npm을 통해 제공된 모듈을 어떻게 사용하고 관리할지를 배울 것이다. 일부 모듈은 npm에서 제공하지 않는 외부 코드에 대한 의존성을 가지기도 하는데, 어떻게 그런 코드들을 빌드(build)하는지도 배울 것이다.

특히, 견고한 메시지 서비스를 만들기 위해 0MQ("Zero-M-Q"로 발음한다)라 불리는 크로스 플랫폼(cross-platform) 라이브러리를 사용할 것이다. MQ는 **메시지 큐**(*message queue*)를 나타낸다. 0MQ는 높은 확장성과 낮은 지연속도를 제공한다. 그리고 0MQ의 이벤트 루프 기반 개발 모델 역시 Node.js와 잘 어울린다.

0MQ에 대해 간략히 살펴본 후, 0MQ를 활용해서 이전 장에서 우리가 개발했던 일부 애플리케이션들의 향상된 버전을 만들어 볼 것이다. 이후에는 바로 새로운 메시징 패턴을 다룰 것이다. 자, 이제 시작해 보자!

0MQ의 장점

이 시점에서, 왜 모든걸 직접 구현하지 않고 0MQ를 메시징에 활용하는지를 질문해보는 것도 의미가 있을 것 같다. 답은 Node 커뮤니티가 "하나만 잘 하라"는 Unix 철학을 신봉한다는 데 있다. 이 커뮤니티에서는 Node 코어를 되도록 작고 간결하게 유지하면서 다른 나머지 것들은 더 넓은 개발자 기반에 맡겨 그들이 npm을 통해 자신들의 모듈을 발표하도록 하고 있다.

Node.js 코어는 소켓을 바인드하고 연결하는 데 있어 로-레벨의 지원은 훌륭히 하고 있지만 하이 레벨의 메시징 패턴은 갖고 있지 않다. 0MQ는 하이 레벨 메시징 패턴을 제공하고 동시에 개발자들을 대신해 많은 로-레벨의 네트워킹 관심사들을 처리하는 것을 목표로 한다.

- 0MQ 종점들은 어떤 이유로 끊어지면—이를테면 네트워크에 문제가 있거나 프로세스가 다시 시작 되서—자동적으로 다시 연결된다
- 0MQ는 온전한 전체 메시지만을 전달한다. 따라서 조각난 데이터를 다루기 위해 버퍼를 생성할 필요가 없다.
- 0MQ의 가벼운 프로토콜은 많은 라우팅 관련 세부 사항, 이를 테면 적절한 클라이언트에게 회신을 돌려 보내는 것 같은 일들을 챙겨준다.

4

다른 좋은 라이브러리들처럼 0MQ를 사용하면 애플리케이션 개발시 정말 중요한 것에 집중할 수 있다. npm을 사용하여 필요한 것을 설치한 뒤에, 빠르고 견고한 메시징 애플리케이션을 0MQ로 만들어 보자.

npm으로 외부 모듈 가져오기

npm은 이미 거대하지만 지금도 계속 성장하고 있는 오픈 소스 Node 모듈의 세계로 가는 통로다. 문자열 파싱부터 연결 풀링(connection pooling), 세션 관리 등 수많은 모듈을 제공한다. npm을 통하여 외부 모듈을 이용하지 않고서는 Node 애플리케이션을 작성한다는 것은 거의 불가능하다. 이 책에서도 많은 외부 모듈들을 사용할텐데 zmq(0MQ의 npm 모듈 이름)가 그 첫 번째다.

npm에 의해 관리되는 모듈은 순수 자바스크립트이거나 자바스크립트와 네이티브 **애드온**(*addon*) **코드**[1]를 조합한 것이다. 애드온은 동적 링크된 공유 객체로서 C나 C++로 쓰여진 네이티브 라이브러리를 활용할 수 있도록 하는 접착제 역할을 한다.

대다수의 모듈은 애드온 포함 여부에 상관없이 npm 명령행 도구만으로 설치될 수 있다. 하지만 zmq 모듈 같은 일부 모듈은 추가적인 요건이 있다. 0MQ를 Node와 같이 사용하려면 0MQ 베이스 라이브러리(base library)를 먼저 설치해야 한다: 그리고 나서야 npm을 통해 zmq 모듈을 불러 올 수 있다.

0MQ 베이스 라이브러리 설치하기

대부분의 플랫폼에서 0MQ 라이브러리는 아주 간단히 설치할 수 있다. 바이너리와 소스 패키지는 프로젝트 다운로드 페이지[2]에서 구할 수 있다.

만약 Mac OS X에서 Homebrew를 사용하고 있다면, 명령행에서 빠르게 0MQ를 설치할 수 있다.[3]

---

1 http://nodejs.org/api/addons.html

2 http://www.zeromq.org/intro:get-the-software

3 http://brew.sh

```
$ brew install zmq
==> Downloading http://download.zeromq.org/zeromq-3.2.3.tar.gz
############################################################ 100.0%
==> Patching
patching file tests/test_disconnect_inproc.cpp
==> ./configure --prefix=/usr/local/Cellar/zeromq/3.2.3
==> make
==> make install
. . .
==> Summary
  /usr/local/Cellar/zeromq/3.2.3: 54 files, 2.3M, built in 31 seconds
```

0MQ가 성공적으로 설치되었는지 테스트를 해 보려면 man zmq로 man 페이지를 로드 해보면 된다.

zmq Node 모듈 설치하기

0MQ 베이스 라이브러리를 설치했다면 npm을 이용해 zmq Node 모듈을 설치할 수 있다.

messaging이라는 디렉토리를 만들고 명령행을 통해 이 디렉토리에 들어가 zmq를 설치한다:

```
$ npm install zmq
npm http GET https://registry.npmjs.org/zmq
npm http 200 https://registry.npmjs.org/zmq

> zmq@2.4.0 install./node_modules/zmq
> node-gyp  rebuild
    CXX(target) Release/obj.target/zmq/binding.o
    SOLINK_MODULE(target) Release zmq.node
    SOLINK_MODULE(target) Release/zmq.node:  Finished
zmq@2.4.0  node_modules/zmq
```

중간쯤에 있는 node-gyp에 대한 호출에 주목하자. node-gyp는 네이티브 애드온을 컴파일 하기 위한 크로스 플랫폼 도구이다. 만약 설치 과정에서 뭔가 잘 못 되고 있다면, 오류에 대한 내용이 출력 될 것이다.

앞의 명령을 실행하면 npm은 zmq 모듈을 현재 디렉토리 안의 node_modules라는 폴더에 다운로드 한다. 모듈이 성공적으로 설치되었는지를 테스트하기 위해 다음의 명령을 실행한다:

```
$ node --harmony -p -e 'require("zmq")'
```

-e 플래그는 입력된 문자열을 평가하라고 Node에게 말하는 것이고 -p 플래그는 결과를 터미널에 출력하라는 것이다.

만약 zmq에 대한 상세 내용들이 출력된다면 다 된 것이다. 예외가 발생한다면 멈추고 문제를 해결한다.

라이브러리와 Node 모듈이 설치되었다면 이제 0MQ로 Node.js 프로그래밍을 시작할 준비가 된 것이다.

메시지 게시(Publishing)와 구독(Subscribing)

0MQ가 지원하는 메시지 전달 패턴 중에 Node에서 아주 잘 돌아가는 것이 몇 개 있다. 그 중 먼저 게시/구독(publish/subscribe-PUB/SUB) 패턴부터 알아보자.

Page 29, **제3장 소켓으로 네트워킹 하기**에서 네트워크로 연결된 파일 감시 서버와 클라이언트를 개발할 때 작성했던 코드를 기억해 보자. 클라이언트와 서버는 행으로 구분된 JSON 메시지를 TCP를 통해 주고받았다. 서버는 JSON 형태로 정보를 **게시**하고 클라이언트 프로그램들은 클라이언트 숫자에 제한 없이 **구독**할 수 있었다.

제3장에서 클라이언트 코드는 메시지 경계 문제를 안전하게 처리하기 위해 많은 작업을 했어야 했다. 데이터를 버퍼링하고 메시지를 파싱하는 것을 전담하는 별도의 모듈을 만들기도 했다. 그럼에도 불구하고 네트워크 연결이 끊어지는 경우나 서버 재가동에 어떻게 대처해야 하는가 같은 질문들은 여전히 남아 있었다.

0MQ는 이 모든 것을 간단하게 만들어 준다. 버퍼링과 재연결 같은 로-레벨의 상세 내용들을 다 알아서 처리해 주기 때문이다. TCP를 직접 다루는 대신 0MQ의 게시/구독 기능을 사용하는 감시 프로그램을 구현해서 실제로 얼마나 쉬워지는지를

알아보자. 이 과정을 통해 0MQ가 작동하는 방식에 익숙해지게 될 것이고, Node와 0MQ의 다른 메시징 패턴도 알아보고 싶을 것이다.

TCP를 통해 메시지를 게시하기

먼저 게시/구독 패턴 중 게시 부분을 zmq 모듈을 이용해서 구현한다. 편집기를 열어 다음의 내용을 입력한다:

messaging/zmq-watcher-pub.js

```
'use strict';
const
  fs = require('fs'),
  zmq = require('zmq'),

  // create publisher endpoint
  publisher = zmq.socket('pub'),

  filename = process.argv[2];

fs.watch(filename, function(){

  // send message to any subscribers
  publisher.send(JSON.stringify({
    type: 'changed',
    file: filename,
    timestamp: Date.now()
  }));

});

// listen on TCP port 5432
publisher.bind('tcp://*:5432', function(err) {
  console.log('Listening for zmq subscribers...');
});
```

이 파일을 zmq-watcher-pub.js로 저장한다. 이 프로그램은 전 장에서 우리가 개발했던 것과 유사하다. 차이점을 보자.

먼저, net 모듈을 사용하는 대신 이제는 zmq를 사용한다. 그리고 이것으로 zmq.socket('pub')을 호출해 게시 소켓을 만든다.

fs.watch()를 한 번만 호출한다는 것도 중요하다. 전 장에서는 서버가 각각의 연결된 클라이언트를 위해 한 번씩 watch()를 호출했었다. 여기서는 단 하나만의 파일 시스템 감시자가 있고 그것이 게시 프로그램의 send() 함수를 호출한다.

우리가 publisher.send()에 보낸 문자열이 JSON.stingify()의 산출물임을 주목해야 한다. 0MQ는 메시지 자체에 대해 어떠한 포맷팅도 하지 않는다—그저 메시지를 보내는 것에만 관심이 있다. 0MQ를 통해 보내는 모든 메시지를 직렬화(serialize)하고 역직렬화(deserialize)하는 것은 우리가 할 일이다.

마지막으로 publisher.bind('tcp://*:5432')를 호출해서 0MQ에게 구독을 위한 TCP 포트5432를 리스닝하도록 시킨다.

이제 게시 프로그램을 작동시킨다:

```
$ node --harmony zmq-watcher-pub.js  target.txt
Listen for zmq subscribers...
```

비록 이 서비스가 TCP를 이용하기는 하지만 단순히 telnet을 써서는 연결할 수 없다. 0MQ는 고성능 바이너리 프로토콜을 사용하기 때문에 0MQ 서버에 연결하려면 0MQ 클라이언트가 필요하다.

이제 구독 부분을 구현해 보자.

메시지 구독 하기

게시/구독 기능 중 구독 부분을 0MQ로 구현하는 것은 게시 부분보다 코드가 덜 필요하다. 편집기를 열어 다음의 내용을 입력한다:

messaging/zmq-watcher-sub.js

```
"use strict";
const
  zmq = require('zmq'),

  // create subscriber endpoint
```

```
  subscriber = zmq.socket('sub');

// subscribe to all messages
subscriber.subscribe("");

// handle messages from publisher
subscriber.on("message", function(data) {
  let
    message = JSON.parse(data),
    date = new Date(message.timestamp);
  console.log("File '" + message.file + "' changed at " + date);
});

// connect to publisher
subscriber.connect("tcp://localhost:5432");
```

이 파일을 zmq-watcher-sub.js로 저장한다. 이 프로그램은 zmq.socket('sub')을 사용해 구독 소켓을 만든다.

subscriber.subscribe("")를 호출하는 것은 0MQ에게 모든 메시지를 받고 싶다는 것을 말하는 것이다. 만약 특정 메시지만을 원한다면 접두사 필터 역할을 하는 문자열을 정해주면 된다. 코드 어딘가에서는 subscribe()를 호출해야만 한다. 그러기 전까지는 아무런 메시지도 받지 못할 것이다.

subscriber 객체는 EventEmitter를 상속한다. 이 객체는 구독을 통한 메시지를 받을 때마다 message 이벤트를 발생시키므로 subscriber.on()을 이용해서 리스닝한다.

마지막으로 subscriber.connect()를 이용해 서버에 연결한다.

이제, 이것들이 어떻게 서로 잘 맞아 떨어지는지 살펴보자. 한쪽 터미널에서 게시 프로그램은 계속 돌리면서 다른 터미널에서 zmq-watcher-sub를 작동시킨다.

```
$ node --harmony zmq-watcher-sub.js
```

그리고 3번째 터미널에서 대상 파일을 touch한다:

```
$ touch target.txt
```

이제 구독 프로그램 터미널에서 다음과 같은 출력을 보게 될 것이다:

```
File 'target.txt' changed at Wed May 22 2013 21:34:10 GMT -0400 (EDT)
```

여기까지는 모든 것들이 아주 순조로워 보인다. 게시 및 구독 프로그램들이 게시/구독 소켓 짝을 통해 성공적으로 통신하고 있다.

사실은 이전보다 더 잘하고 있다. 이 프로그램들이 계속 돌아가게 해 놓고 0MQ가 네트워크 연결이 끊어질 때 어떻게 대처하는지 살펴보자

자동으로 재연결하기

종점 중 하나의 연결이 갑자기 끊어졌을 때 어떤 일이 발생하는지 보자. 터미널에서 Ctrl-C를 눌러서 게시 프로그램을 죽인다.

그리고 나서 구독 프로그램 터미널로 옮긴다. 뭔가 이상한 일이 벌어졌음을 눈치 챌 수 있을 것이다—아무 일도 일어나지 않은 것이다. 구독 프로그램은 게시 프로그램이 다운됐는데도 마치 아무 일도 없었다는 듯이 계속 메시지를 기다리고 있다.

첫 번째 터미널에서 게시 프로그램을 다시 시작한다. 그리고 대상 파일을 `touch`한다. 그러면 구독 프로그램은 콘솔에 *File Changed* 메시지를 출력한다. 모든 것이 마치 그들이 계속해서 연결되어 있었다는 것 같이 진행된다.

0MQ 관점에서는 어느 한 쪽이 먼저 시작했는지 상관이 없다. 그리고 끊겨졌던 종점이 다시 온라인 상태로 돌아오면 자동적으로 재연결을 한다. 이러한 특성이 견고한 플랫폼을 만들고 사용자측의 특별한 작업 없이도 안정성을 가져다 주는 것이다.

앞의 예에서 게시와 구독 소켓 모두는 `zmq.socket()`으로부터 만들어졌다. 이 말은 양쪽 모두가 `bind()` 혹은 `connect()`를 호출할 수 있다는 것을 뜻한다.

예제 코드는 게시 프로그램이 TCP와 바인드하고(서버로서) 구독 프로그램이(클라이언트로서) 연결되게 했다. 하지만 0MQ는 이런 식으로 할 것을 강요하지는 않는다. 확 뒤집어서 구독 프로그램이 바인드하고 게시 프로그램이 연결하게 할 수도 있다.

네트워크 애플리케이션을 디자인할 때는 대게 아키텍처의 안정된 부분이 바인드하고 일시적인 부분이 연결하도록 한다. 0MQ를 사용할 때는 시스템의 어느 부분이

안정된 부분이고, 어떤 메시징 패턴이 요구 사항에 가장 적합한지를 결정해야 한다. 하지만 그것들을 동시에 결정할 필요는 없고 또 나중에 쉽게 바꿀수도 있다. 0MQ는 분산 애플리케이션을 만드는 데 있어 유연하고 내구성 있는 통신 수단을 제공해 준다.

Node.js처럼 0MQ도 바로 쓸 수 있는 스케일링 전략을 가지고 있지는 않다. 대신 둘 다 스케일링을 할 수 있는 구성요소들을 제공해 준다.

이제부터는 또 다른 형태의 메시징 패턴인 요청/응답(request/response)을 살펴볼 것이다. 그리고 이것을 워커 프로세스 풀을 관리하기 위한 Node의 클러스터링 지원과 결부시킬 보겠다.

요청에 응답하기

요청/응답(request/response) 패턴은 네트워크 프로그램, 특히 Node에서는 상당히 일반적인 것이다. 다음 장들에서도 이 패턴을 자주 사용할텐데 0MQ는 특히 이 패턴을 아주 잘 지원해 준다. 곧 알게 되겠지만 여기서 0MQ의 Q(queue)의 의미가 명확해 질 것이다.

0MQ에서 요청/응답 짝은 짝을 맞추어 통신을 한다. 즉, 요청이 들어오면 응답이 나간다. 추가적으로 수신되는 요청들은 **대기열**에 저장되고 나중에 0MQ에 의해 처리된다. 애플리케이션은 한 번에 하나의 요청만을 인지한다.

다시 한 번 서비스를 구축하기 위한 정보 소스로 파일 시스템을 사용해서 어떻게 작동하는지 살펴보자. 이 시나리오에서 응답 프로그램은 파일 데이터에 대한 요청을 기다리다 요청이 들어오면 콘텐츠를 만든다. 먼저 요청/응답 짝의 응답 부분부터 시작한다.

응답 프로그램 구현하기

편집기를 열어 다음을 입력한다:

```
messaging/zmq-filer-rep.js
'use strict';
const
  fs = require('fs'),
  zmq = require('zmq'),
  // socket to reply to client requests
  responder = zmq.socket('rep');
// handle incoming requests
responder.on('message', function(data) {

  // parse incoming message
  let request = JSON.parse(data);
  console.log('Received request to get: ' + request.path);

  // read file and reply with content
  fs.readFile(request.path, function(err, content) {
    console.log('Sending response content');
    responder.send(JSON.stringify({
      content: content.toString(),
      timestamp: Date.now(),
      pid: process.pid
    }));
  });

});

// listen on TCP port 5433
responder.bind('tcp://127.0.0.1:5433', function(err) {
  console.log('Listening for zmq requesters...');
});

// close the responder when the Node process ends
process.on('SIGINT', function() {
  console.log('Shutting down...');
  responder.close();
});
```

이 파일을 zmq-filer-rep.js로 저장한다. 이 프로그램은 0MQ 응답 소켓을 만들고, 수신되는 요청에 응답한다.

message 이벤트가 발생하면 데이터로부터 요청을 파싱한다. 그 다음으로는 fs.readFile()을 호출해 요청된 파일 콘텐츠를 비동기로 불러온다. 파일을 읽은 뒤에 send()함수를 사용해 JSON 형태로 파일 내용 및 파일 시간을 포함한 회신을 보낸다. 회신에는 Node 프로세스의 프로세스 ID(pid)도 포함시킨다.

응답 프로그램은 루프백(loopback) 인터페이스(IP 127.0.0.1)의 TCP 포트 5433에 바인드되어 연결을 기다린다.

마지막으로 Node 프로세스 상의 SIGINT 이벤트를 리스닝한다. SIGINT Unix 신호는 프로세스가 사용자로부터 중단 신호를 받았다는 것을 나타낸다—통상 터미널의 Ctrl-C를 눌러 이 신호를 만들 수 있다. 프로세스가 중단될 때, 응답 프로그램은 남아 있는 연결들을 끊도록 요청한다.

늘 그랬듯이 node --harmony로 프로그램을 시작한다:

```
$ node --harmony zmq-filer-rep.js
Listening for zmq requesters...
```


이제 응답 프로그램이 준비된 것 같다! 하지만 서버에 연결을 하기 위해서는 클라이언트의 개발이 필요하다. 하나 만들어 보자.

요청하기

요청 프로그램을 구현하는 것은 아주 간단하다. 편집기를 열어 다음의 내용을 입력한다:

```
messaging/zmq-filer-req.js
"use strict";
const
  zmq = require('zmq'),
  filename = process.argv[2],
  // create request endpoint
  requester = zmq.socket('req');
// handle replies from responder
requester.on("message", function(data) {
  let response = JSON.parse(data);
```

```
  console.log("Received response:", response);
});
requester.connect("tcp://localhost:5433");
// send request for content
console.log('Sending request for ' + filename);
requester.send(JSON.stringify({
  path: filename
}));
```

이 파일을 zmq-filer-req.js로 저장한다.

이 프로그램은 0MQ 요청 소켓을 만드는 것으로 시작한다. 그리고 나서 수신되는 message 이벤트를 리스닝하고 데이터를 JSON 형태로 해석한다. 프로그램의 마지막에서는 requester.send()를 호출함으로써 TCP를 통해 응답 소켓에 연결하고 요청을 시작한다. JSON 요청 메시지는 명령행에 명시된 대로 파일의 경로를 포함하고 있다.

이 요청 및 응답 소켓이 어떻게 같이 작동하는지 알아보자. zmq-filer-rep 프로그램이 여전히 한 터미널에서 돌아가고 있는 상황에서 다른 터미널을 통해 다음의 명령을 실행한다:

```
$ node --harmony zmq-filer-req.js  target.txt
Sending request for target.txt
Received response:  { content: '', timestamp: 1370271311810, pid: 32730 }
```

성공이다! 응답 프로그램이 요청을 받아 처리하고 응답을 보내준다.

스케일링을 제한하는 동기식 구현

Node에서 0MQ 응답/요청 소켓 짝을 사용하는 데에는 함정이 있다. 애플리케이션의 각 종점들이 한 번에 하나의 요청 혹은 하나의 응답만 처리한다는 것이다. 병렬성이 없는 것이다.

요청 프로그램을 조금 바꿔보면 실제 상황을 알 수 있다. 마지막 섹션의 zmq-filer-req.js 파일을 열고 요청을 보내는 코드를 찾아 다음의 for 루프로 둘러싼다:

```
for (let i=1; i<=3; i++) {
  console.log('Sending request ' + i + 'for ' + filename) ;
requester.send(JSON.stringify ( {
  path: filename
  }));
}
```

이 파일을 zmq-filer-req-loop.js로 저장한다. 응답 프로그램이 아직 실행되고 있는 상황에서 node-harmony를 이용해 새로운 스크립트를 시작한다:

```
$ node --harmony zmq-filer-req-loop.js  target.txt
Sending request  1 for target.txt
Sending request  2 for target.txt
Sending request  3 for target.txt
Received response:  { content: '', timestamp: 1370301866142, pid: 35925 }
Received response:  { content: '', timestamp: 1370301866144, pid: 35925 }
Received response:  { content: '', timestamp: 1370301866147, pid: 35925 }
```

루프가 3개의 요청을 대기열에 저장하고 나서 3개의 응답을 받은 것이 보인다. 별로 놀랄 일은 아니다. 하지만 응답 프로그램 윈도우를 보라:

```
$ node --harmony zmq-filer-rep.js
Listening for zmq requesters...
Received request to get:  target.txt
Sending response content
Received request to get:  target.txt
Sending response content
Received request to get:  target.txt
Sending response content
```

응답 프로그램은 다음으로 대기하고 있는 요청이 있다는 것을 모르고, 각각의 요청에 응답을 보냈다. 이것은 각각의 요청에 대하여 fs.readFile()이 처리되고 있는 동안 Node의 이벤트 루프가 할 일 없이 계속 돌고 있었다는 의미이다.

이 때문에 단순한 요청/응답 형태는 고성능을 요하는 Node.js 프로그램에는 적합하지 않을 수 있다. 다음에는 좀 더 발전된 0MQ 소켓 타입을 이용해 Node 프로세스의 클러스터(cluster)를 만들고 처리량을 확대해 보자.

메시지 라우팅(Routing)과 딜링(Dealing)

앞에서 살펴본 요청/응답 소켓은 순차적으로 작동을 했기 때문에 요청/응답 로직의 코딩이 간단했다. 요청/응답 프로그램도 한 번에 하나의 메시지만을 처리했다. 병렬적 메시지 프로세싱을 위해 0MQ는 더 발전된 소켓 타입인 라우터(ROUTER)와 딜러(DEALER)를 가지고 있다. 이들에 대해 간단히 알아보자. 그리고 나면 Node.js 클러스터를 구축할 준비가 완료된다.

메시지 라우팅

라우터 소켓은 병렬 응답 소켓이라 생각하면 된다. 라우터 소켓은 한 번에 하나의 메시지에 응답하는 게 아니라 동시에 많은 요청을 처리할 수 있다. 각 요청이 어디서 왔는지를 기억하고 거기에 따라 응답 메시지를 전달한다.

page 37, **메시징 프로토콜 구현하기**를 기억해 보면, 네트워크 프로그래밍을 할 때 우리는 하나 혹은 그 이상의 프로토콜을 다룬다. 0MQ는 메시지 교환을 위해 ZeroMQ Message Transport Protocol[4]을 사용한다. 이 프로토콜은 일련의 **프레임**(*frame*)을 사용하여 메시지를 구성한다. 라우터 소켓은 프레임을 사용해서 각각의 회신 메시지를 요청을 제기한 곳으로 전달한다.

대부분의 Node 프로그램에서 0MQ 프레임 저변의 상세 내용을 무시해도 되는데, 이는 단순 소켓 타입의 경우 하나의 메시지마다 하나의 프레임만을 필요로 하기 때문이다. 그러나 라우터 소켓 타입은 복수의 프레임을 사용하기 때문에 프레임에 대해서 알아야 한다.

다음의 예는 어떻게 Node에서 라우터 소켓을 생성하고 수신 프레임을 받는 메시지 핸들러를 구현하는 방법을 보여준다.

```
const
  zmq = require('zmq') ,
  router = zmq.socket('router')  ;
```

4 htto://rfc.zeromq.org/spec:15

```
router.on('message' , function()  {
  let frames = Array.prototype.slice.call(null, arguments);

  // ...
}) ;
```

앞에서의 메시지 핸들러는 data 변수를 받았는데, 이 핸들러 함수는 아무것도 받지 않는다는 것에 주목하자. zmq 모듈은 메시지에 해당하는 모든 프레임을 핸들러에 변수로서 전달한다. 이럴 수 있는 것은 자바스크립트 함수는 임의의 수의 변수로 호출할 수 있기 때문이다.

함수 안의 argument 객체는 배열과 같은 객체인데, 전달된 모든 변수를 포함하고 있다. Array.prototype.slice.call(null, arguments)은 전달된 변수를 자바스크립트 Array 인스턴스로 반환한다.

다음으로 딜러 소켓에 대해서 살펴보자.

메시지 딜링

라우터 소켓이 병렬 응답 소켓이라면 딜러 소켓은 병렬 요청 소켓이다. 딜러 소켓은 복수의 요청을 동시에 보낼 수 있다.

딜러와 라우터 소켓이 Node에서 어떻게 동시에 작동하는지 살펴보기 위해 다음의 코드 샘플을 보자:

```
const
  zmq = require('zmq') ,
  router = zmq.socket('router'),
  dealer = zmq.socket('dealer');

router.on('message' , function() {
  let frames = Array.prototype.slice.call(null, arguments);
  dealer. send(frames) ;
});
dealer.on('message' , function() {
  let frames = Array.prototype.slice.call(null, arguments);
  router.send(frames);
});
```

여기서는 라우터 소켓과 딜러 소켓 둘 다를 만들었다. 둘 중 어느 하나가 메시지를 받으면 프레임을 추출해서 다른 소켓에 보내준다.

즉, 라우터가 수신하는 요청 메시지는 딜러에게 전달된다. 마찬가지로 딜러가 수신하는 응답 메시지는 라우터로 전달되어 각각 요청한 곳으로 회신된다.

이 코드 샘플은 `bind()`나 `connect()`에 대한 호출이 없기 때문에 아직 작동하는 예제가 아니다. 그렇더라도 **그림 7. ROUTER와 DEALER 0MQ 소켓 모두를 사용하는 Node.js 프로그램**에서 우리가 따르고 있는 기본 구조는 볼 수 있다.

그림 가운데의 상자는 Node 프로그램이다. 요청 소켓이 라우터에 연결된다. 요청 소켓이 요청 메시지를 보내면 라우터는 이를 딜러에게 전달한다. 그러면 딜러는 응답 소켓 중 하나를 골라 요청 메시지를 전달한다.

[그림 7] ROUTER 와 DEALER 0MQ 소켓 모두를 사용하는 Node.js 프로그램

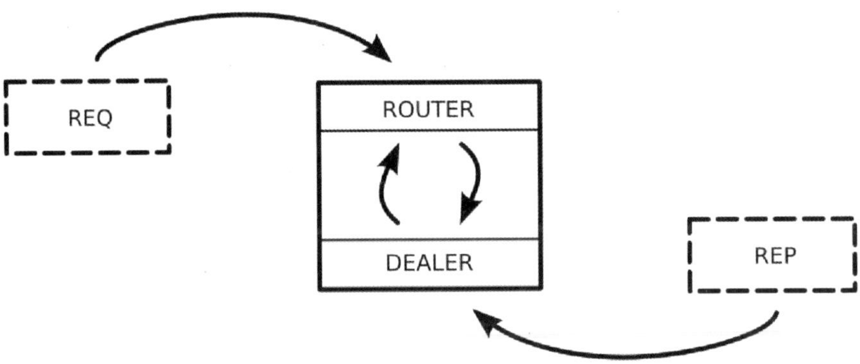

응답 소켓이 회신을 할 때는 반대 경로를 따른다. 딜러는 응답 메시지를 받아 그것을 라우터에게 전한다. 라우터는 메시지 프레임을 보고 요청을 한 소켓을 파악한 뒤 응답 메시지를 처음 요청을 한 요청 소켓으로 보낸다.

요청과 응답 소켓 관점에서는 아무것도 바뀐 것이 없다. 각각은 여전히 짝을 이뤄 돌아가고 있고, 애플리케이션 관점에서는 한 번에 하나의 메시지를 처리하고 있다. 하지만, 라우터/딜러 소켓 짝으로 인해서 요청과 응답 소켓 간의 로드 밸런싱(load-balancing)이 가능하다.

이제 이 새로운 소켓 타입을 실제 사용해 볼 시간이다. 지금부터는, 방금까지 살펴본 요청, 응답, 라우터, 딜러 소켓을 바탕으로 클러스터화된 Node.js 애플리케이션을 개발할 것이다.

Node.js 프로세스 클러스터링(clustering)

멀티스레드 시스템에서 더 많은 작업을 동시에 한다는 것은 더 많은 스레드를 실행한다는 것을 의미한다. 하지만 Node.js는 싱글스레드 이벤트 루프를 사용하기 때문에 같은 컴퓨터 상의 멀티 코어 멀티 프로세서의 장점을 살리기 위해서는 더 많은 Node 프로세스를 돌려야 한다.

이게 바로 **클러스터링**이다. 그리고 Node의 빌트인 `cluster` 모듈이 하는 일이다. 클러스터링은 사용하고 있지 않은 CPU 용량을 활용하여 Node 애플리케이션의 성능을 확장하기 위한 좋은 기법이다. Node 애플리케이션의 성능을 확장하는 것은 특정 시나리오에 따라 많은 선택을 할 수 있는 큰 주제이다. 하지만 어떤 선택을 하던 클러스터링부터 시작해야 한다.

cluster 모듈이 어떻게 작동하는가를 살펴보기 위해 0MQ 요청에 대응하는 워커 프로세스 풀(pool)을 관리하는 프로그램을 만들 것이다. 이것은 앞에서의 응답 프로그램을 대체하는 것인데, 라우터, 딜러, 응답 소켓을 이용해 워커들에게 요청들을 분산한다.

이제 클러스터 기반, 멀티프로세스 작업 분배, 그리고 로드 밸런스된 메시지 전달을 결합한 간단하지만 강력한 프로그램을 만들게 된다.

클러스터에서 워커 프로세스 포킹(Forking)하기

page 17의 **자식 프로세스 생성하기**로 돌아가 보면 프로세스를 생성하기 위해서 `child-process` 모듈의 `spawn()` 함수를 사용했다. 이것은 Node 프로그램에서 非Node 프로세스를 실행하는 데 아주 적격이다. 하지만 같은 Node 프로그램의 복사본들을 생성하려면 포킹이 더 나은 선택이다.

cluster 모듈의 fork() 함수를 호출하면 원본과 똑같은 스크립트를 실행하는 워커 프로세스가 생성된다. 무슨 뜻인지 알기 위해서 다음의 코드를 한 번 보자. 이 코드는 클러스터화된 Node 애플리케이션의 기본적 구조를 보여 준다.

```
const cluster = require('cluster') ;

if (cluster.isMaster)  {
  // fork some worker processes
  for (let i = 0; i<10;  i++)  {
    cluster.fork( ) ;
  }

} else  {
  // this is a worker process,  do some work
}
```

먼저 현재 프로세스가 *master* 프로세스인지를 확인한다. 맞는다면 cluster.fork()를 사용해서 추가적인 프로세스를 생성한다. fork 함수는 같은 스크립트를 실행하는 새로운 Node.js 프로세스를 시작한다. 하지만 그 프로세스에게 clust.isMaster의 값은 false이다.

포크된 프로세스는 **워커**(*worker*)라 불린다. 워커들은 다양한 이벤트를 통해 마스터 프로세스와 통신할 수 있다.

이를테면 마스터는 다음과 같은 코드로 online 상태가 되는 워커들을 알 수 있다:

```
cluster.on('online', function(worker)  {
  console.log('worker ' + worker.process.pid + ' is online. ');
}) ;
```

cluster 모듈이 online 이벤트를 발생시키면 워커 변수가 전달된다. 이 객체의 속성 중 하나는 process이다—모든 Node.js 프로그램에서 찾을 수 있는 같은 종류의 process이다.

마찬가지로 마스터는 프로세스가 종료되는 것을 알 수 있다:

```
cluster.on('exit' , function (worker, code, signal)  {
  consloe.log('Worker ' + worker.process.pid + ' exited with code ' + code);
});
```

online처럼 exit 이벤트도 워커 객체를 포함하고 있다. 또한, 프로세스의 exit code와 운영 시스템이 보내는 신호 (SIGINT나 SIGTERM) 중 어떤 것이 프로세스를 멈추었는지에 대한 정보도 포함한다.

클러스터 구축하기

이제 모든 것을 함께 모을 시간이다. Node 클러스터링과 0MQ 메시징 패턴을 연결해 요청을 워커 프로세스 풀에 분산해주는 프로그램을 구축한다.

마스터 Node 프로세스가 라우터와 딜러 소켓을 생성하고 워커들을 생성한다. 각 워커 프로세스는 딜러 소켓에 연결된 응답 소켓을 생성한다.

다음의 그림은 이 모든 조각들이 어떻게 잘 맞아 떨어지는지를 보여준다. 앞의 그림들처럼 사각형은 Node.js 프로세스를 나타낸다. 타원형은 0MQ 소켓에 바인드된 자원이다. 그리고 화살표는 어떤 소켓이 어떤 종점과 연결되어 있는지를 보여준다.

요청을 워커 풀에 라우팅하는 Node.js 클러스터 [그림 8]

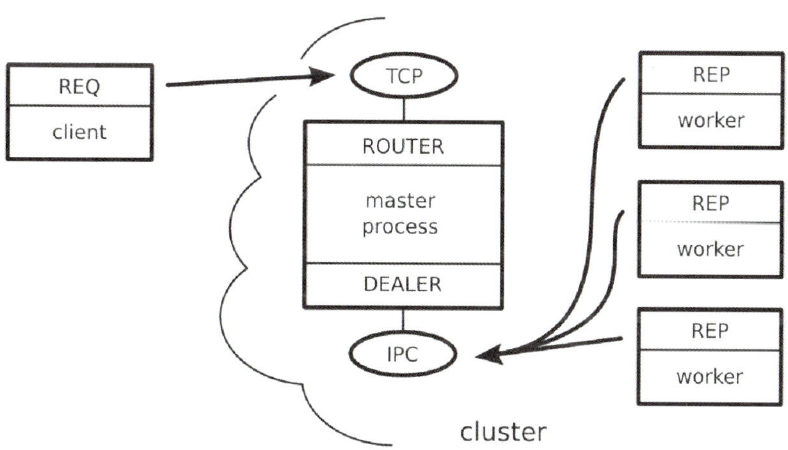

마스터 프로세스는 이 아키텍처에서 가장 안정된 부분이다(워커들을 관리한다). 그래서 바인딩을 책임지고 있다. 클러스터의 워커 프로세스와 서비스의 클라이언트들은 모두 다 마스터 프로세스에 의해 바인드된 종점에 연결된다. 메시지의 흐름은 어느 소켓이 바인드 되었는지 아니면 연결되었는지가 아니라 소켓 타입에 의해 결정된다.

이제 코드로 가보자. 편집기를 열어 다음을 입력한다.

messaging/zmq-filer-rep-cluster.js

```
'use strict';
const
  cluster = require('cluster'),
  fs = require('fs'),
  zmq = require('zmq');

if (cluster.isMaster) {

  // master process - create ROUTER and DEALER sockets, bind endpoints
  let
    router = zmq.socket('router').bind('tcp://127.0.0.1:5433'),
    dealer = zmq.socket('dealer').bind('ipc://filer-dealer.ipc');

  // forward messages between router and dealer
  router.on('message', function() {
    let frames = Array.prototype.slice.call(arguments);
    dealer.send(frames);
  });

  dealer.on('message', function() {
    let frames = Array.prototype.slice.call(null, arguments);
    router.send(frames);
  });

  // listen for workers to come online
  cluster.on('online', function(worker) {
    console.log('Worker ' + worker.process.pid + ' is online.');
  });

  // fork three worker processes
  for (let i = 0; i < 3; i++) {
```

```
-       cluster.fork();
-     }
-
35  } else {
-
-     // worker process - create REP socket, connect to DEALER
-     let responder = zmq.socket('rep').connect('ipc://filer-dealer.ipc');
-
40    responder.on('message', function(data) {
-
-       // parse incoming message
-       let request = JSON.parse(data);
-       console.log(process.pid + ' received request for: ' + request.path);
45
-       // read file and reply with content
-       fs.readFile(request.path, function(err, data) {
-         console.log(process.pid + ' sending response');
-         responder.send(JSON.stringify({
50          pid: process.pid,
-           data: data.toString(),
-           timestamp: Date.now()
-         }));
-       });
55
-     });
-
-   }
```


이 파일을 zmq-filer-rep-cluster.js로 저장한다. 이 프로그램은 이전의 Node 프로그램들보다는 약간 더 길다. 하지만 전적으로 이미 앞에서 만들어봤던 코드들에 기초하고 있기 때문에 친숙해 보일 것이다.

11번 줄에서 ROUTER가 포트 5433에 수신되는 TCP 연결들을 리스닝하고 있다는 것을 주목한다. 이것은 클러스터가 앞에서 개발했던 zmq-filer-rep.js 프로그램의 대체 역할을 하는 것을 허용한다.

12번 줄에서 DEALER 소켓은 인터프로세스 연결 (IPC) 종점과 바인드한다. 이것을 우리가 page 36, **Unix 소켓에서의 리스닝**에서 사용한 것과 같은 Unix 소켓을 지원한다.

관례상, 0MQ IPC 파일은 확장자 .ipc로 끝나야 한다. 이 경우 file-dealer.ipc 파일은 클러스터가 시작된 현재 디렉토리에 생성될 것이다(만약 이미 존재하지 않는 경우).

이제 클러스터 프로그램이 어떻게 돌아가는지 실행해 보자:

```
$ node --harmony zmq-filer-rep-cluster.js
Worker 37174 is online.
Worker 37172 is online.
Worker 37173 is online.
```

여기까지는 모든 것이 좋다—마스터 프로세스가 워커들을 만들어낸 것이 화면에 표시되었다. 두 번째 터미널에서는 요청 루프 프로그램(zmq-filer-req-loop.js)을 시작한다.

```
$ node --harmony zmq-filer-req-loop.js
Sending request  1 for target.txt
Sending request  2 for target.txt
Sending request  3 for target.txt
Received response:  { pid: 37174, data: '', timestamp: 1371652913066 }
Received response:  { pid: 37172, data: '', timestamp: 1371652913075 }
Received response:  { pid: 37173, data: '', timestamp: 1371652913083 }
```

앞에서의 회신 프로그램처럼 이 클러스터화된 방식도 각각의 요청에 대해서 차례로 응답한다.

하지만 수신된 각각의 회신마다 보고된 프로세스 ID(pid)가 다르다는 것을 주목하자. 이것은 마스터 프로세스가 요청들을 다른 워커들에게 로드 밸런싱하고 있다는 것을 보여준다.

이제 Node.js 클러스터를 구축하는 도구들을 확보했다. 클러스터 모듈을 활용해서 워커 프로세스를 관리하는 것의 장점은 좀 더 많다. **117page, 제6장. 확장 가능한 웹 서비스**에서 그것들을 알아볼 것이다.

이 장을 마치기 전에 0MQ가 제공하는 메시징 패턴을 하나 더 살펴보자.

메시지 푸싱(Pushing)과 풀링(Pulling)

지금까지 게시/구독과 요청/응답 두 가지 주요 메시지 전달 패턴을 사용해 봤다. 이 둘에 더해 0MQ가 제공하는 패턴 중 Node.js와 궁합이 잘 맞는 것이 하나 더 있는데 바로 푸시/풀(Push/Pull)이다.

워커들에게 일 푸시하기

푸시와 풀 소켓 타입은 대기열의 작업을 가용 워커 사이에 공평하게 할당하려 할 때 유용하다.

게시/구독 프로그램 예제에서는 각 구독 프로그램이 게시 프로그램이 보낸 모든 메시지를 받았다. 하지만, 푸시/풀 방식에서는 푸시 프로그램이 보낸 메시지는 한 개의 풀 프로그램만 받는다.

푸시는 마치 딜러처럼 라운드 로빈 방식으로 연결된 소켓에 메시지를 나눠준다. 하지만 딜러/라우터 흐름과는 달리 백채널(backchannel)이 없다. 푸시 소켓으로부터 풀 소켓으로의 메시지 경로는 단방향이다: 풀 소켓은 같은 소켓을 통해서 회신을 돌려보낼 수 없다.

푸시 소켓을 어떻게 구축하고 100개의 작업을 어떻게 나눠주는지를 보여주는 간단한 예를 만들어 보자. 참고로 이 예는 완전하지 않다 – bind()나 connect()를 호출하지 않는 것이다. 하지만 개념만은 잘 보여준다.

```
const
  zmq = require('zmq'),
  pusher= zmq. socket('push');

// wait until pullers are connected and ready, then send 100 jobs...
for (let i = 0, i <100; i++)  {
  pusher.send(JSON.stringify({
    details:  "details about this job."
  })) ;
}
```

다음은 연관된 풀 소켓이다.

4

```
const
  zmq = require('zmq'),
  puller= zmq. socket('pull');

// connect to the pusher, announce readiness to work, then wait for work...

puller.on('message' , function(data)  {
  let job = JSON.parse(data. toString( ) ) ;

    // do the work described in the job
}) ;
```

0MQ의 다른 소켓처럼 푸시/풀 소켓의 어느 한 끝도 바인드하거나 연결할 수 있다—선택은 어느 쪽이 아키텍처의 안정된 부분인가에 달린다.

푸시/풀 패턴을 Node에서 사용할 때는 이 간단한 예 속에 감춰져 있는 잠재적 함정들에 주의해야 한다. 그것들을 살펴보고 함정을 피하기 위해 어떻게 해야 할지 알아보도록 하자.

흔한 함정 피하기

Node.js에서 푸시/풀 패턴을 사용할 때 맞부딘칠 가능성이 높은 흔한 함정 두 가지는 첫 번째 참가자(first-joiner) 문제와 제한된 자원 문제이다.

첫 번째 참가자 문제

첫 번째 참가자 문제는 0MQ가 메시지를 보내는 게 너무 빠르고 Node.js가 메시지를 너무 빨리 받아들이는 데서 비롯된 것이다. 연결을 설정하는 데에는 시간이 걸리기 때문에 첫 번째 풀 프로그램이 성공적으로 연결하면 대다수 또는 모든 메시지들을 받아가기 때문에 두 번째 풀 프로그램은 로테이션에 낄 기회조차 못 갖는 것이다.

이 문제를 해결하기 위해 푸시 프로그램은 모든 풀 프로그램이 메시지를 받을 준비가 될 때까지 기다리고 아무것도 보내지 말아야 한다. 실 세계의 시나리오를 가지고 어떻게 이 문제를 푸는지 생각해 보자.

Node 클러스터를 가지고 있고 마스터 프로세스가 한 묶음의 일을 3개의 워커 프로세스에 푸시하는 경우를 살펴보자. 마스터가 푸시를 하기 전에 워커들은 마스터에게 그들이 일을 풀링할 준비가 되었음을 신호할 방법이 필요하다. 그리고 그들이 결국은 완료할 작업의 결과를 전송할 방법도 필요하다.

그림 9. 워커 풀에 일을 푸시하는 Node.js 클러스터가 보여주는 것이 이 시나리오다.

워커 풀에 일을 푸시하는 Node.js 클러스터 **[그림 9]**

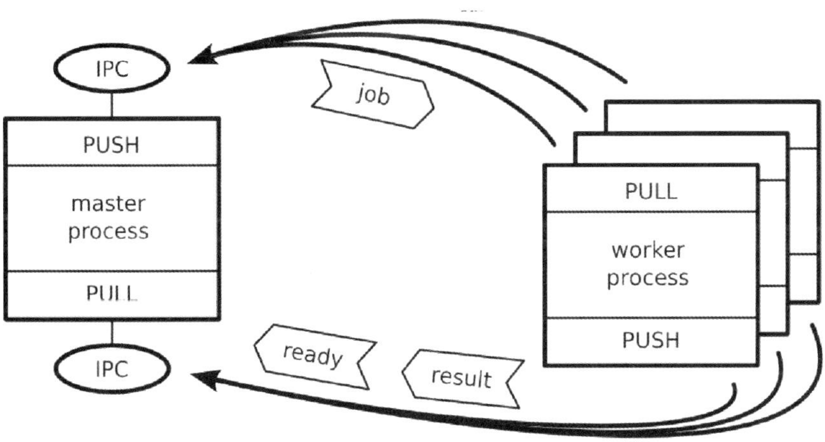

이전 그림처럼, 사각형은 Node 프로세스이고 타원형은 자원, 그리고 두꺼운 화살표는 연결이 설정되어 있는 방향을 가리킨다. 일(*job*), 준비(*ready*), 결과(*result*) 메시지는 그들이 보내지는 방향을 가리키는 화살표 박스 안에 있다.

그림의 상반부에는 주 커뮤니케이션 채널—워커의 풀 소켓에 연결된 마스터의 푸시 소켓—이 있다. 일들은 주 커뮤니케이션 채널을 통하여 워커에게 보내진다.

하반부에는 백채널이 있다. 이번에는 마스터가 각 워커의 푸시소켓에 연결된 풀소켓을 갖는다. 워커들은 일할 준비가 되었다거나 일의 결과 같은 메시지를 마스터에게 푸시할 수 있다.

마스터 프로세스가 아키텍처의 안정된 부분이기 때문에 마스터 프로세스가 바인드 하고 워커 프로세스가 연결한다. 모든 프로세스가 같은 컴퓨터에 직접 채널로 연결되어 있기 때문에 IPC를 사용하는 것이 적당하다.

page 84, **양방향 메시징**에서의 보너스 문제는 앞에서 설명한 푸시/풀 클러스터의 구현을 요구할 것이다. 하지만 이것은 첫 번째 참가자 문제를 푸는 단지 하나의 방법임을 주목해야 한다. 백채널을 위해서는 요청/응답 같은 다른 메시징 패턴을 골라 사용할 수도 있다.

제한된 자원 문제

두 번째로 흔한 함정은 **제한된 자원 문제**이다. Node.js는 운영 시스템에 의해 동시 접근할 수 있는 자원수가 좌우된다. Unix 용어로 말하면 **파일 디스크립터**(*file descriptor*)라 불리는 것이다.

Node 프로그램은 파일이나 TCP 연결을 열 때마다 가용 파일 디스크립터 중 하나를 사용한다. 만약 하나도 안 남아 있으면 자원 접근에 실패하기 시작한다. 이것은 Node 개발자들에게는 지극히 흔한 문제이다. Node 개발자 중 제한된 자원 문제와 한 번쯤 싸워보지 않은 사람을 본 적이 없다.

엄격히 말하면 이 문제는 푸시/풀 시나리오에만 한정되어 있지 않다. 하지만 여기서 일어날 가능성이 아주 높다. 그 이유는 이렇다. Node는 비동기식으로 작동하기 때문에 풀 프로세스가 많은 일들을 동시에 시작할 수 있다. **메시지** 이벤트가 올 때마다 Node 프로세스는 핸들러를 작동시키고 일을 하기 시작한다. 만약 이 일들이 시스템 자원에 접근하는 것을 요구한다면—대부분은 그럴 것이다—금방 가용 파일 디스크립터 풀을 다 써버리기 쉽다. 그러면 곧 일들이 어긋나기 시작한다.

이 주제와 그리고 그 해결방안에 대해서는 page 87, **제5장 데이터베이스 접근하기**에서 연결 풀링(connection pooling)이라는 기법을 통해 데이터베이스의 동시 연결 수를 제한할 때 더 자세히 파헤쳐 볼 것이다.

요약 정리

이번 장에서는 Node.js 코어에서 나와 npm의 넓은 세상으로 들어가 보았다. 어떻게 바이너리 요소를 가진 서드파티 모듈들을 설치하고 사용하는지를 논의했고, 특히 0MQ를 어떻게 사용하는지 다루어 봤다.

0MQ는 많은 메시지 전달 패턴을 지원하는데, 이 장을 통해 그 중 몇 개를 알게

됐다. 0MQ가 어떻게 게시/구독 패턴, 요청/응답 패턴, 푸시/풀 패턴을 하는지도 자세히 알아봤다. 이 패턴들은 이제 여러분들이 Node.js로 네트워크 프로그램을 개발할 때 마음대로 쓸 수 있는 도구가 됐을 것이다. 0MQ 라이브러리 자체는 안 쓰기로 마음먹었더라도 유용할 것이다.

또한, Node의 클러스터링 능력을 살펴보았다. Node의 **클러스터** 모듈의 특성들을 활용해서 많은 워커 프로세스를 만들고 그들에게 요청들을 분배해 보았다. 이 기능은 **page 117, 제6장. 확장 가능한 웹 서비스**에서 다시 사용될 것이다.

이번 보너스 문제는 우리가 이번 장에서 배운 것들을 활용해서 Node.js와 0MQ 프로그램을 수정하고 새로 만드는 것을 요구한다.

다음 장에서는 Node를 사용해서 어떻게 몇몇 주요 데이터베이스와 비동기식으로 상호작용하는지를 다룰 것이다.

에러 핸들링

우리가 만든 `zmq-filer-rep.js` 프로그램은 `fs.readFile()`을 사용해 파일 콘텐츠를 제공했다. 하지만 이 프로그램은 에러 케이스를 다루지 않았다.

- 에러가 발생하는 경우 프로그램은 무엇을 해야 하나?
- 요청자에게 에러를 보내는 것을 지원하기 위해서는 프로토콜을 어떻게 바꿔야 하나?

나중에 똑같은 프로그램에서 우리는 사용자가 터미널에서 Ctrl-C를 누르는 것을 감지하기 위해 UNIX 시그널 `SIGNIT`를 리스닝했다.

- 프로그램이 다른 방식으로 종료되면, 이를테면 `SIGTERM`(종료 신호), 무슨 일이 발생하는가?
- Node.js 처리되지 않은 예외가 있다면 무슨 일이 발생하는가?
  힌트: 프로세스 객체상의 `uncaughtException` 이벤트를 리스닝할 수 있다.

견교성

Page 75, **클러스터 구축하기**에서는 3개의 워커 프로세스를 돌리는 Node.js 클러스터를 생성했다. 마스터 프로세스는 `online` 이벤트를 리스닝하고 워커가 시작할 때 메시지를 기록했다. 하지만 워커 프로세스가 끝났을 때 무슨 일이 일어나는지는 명시하지 않았다.

- 명령행에서 워커 프로세스를 죽이면 어떤 일이 방생하는가?
  힌트: 명령행에서 `kill(pid)`을 사용하라. `(pid)`는 워커 프로세스 ID이다.
- 워커가 죽었을때 새로운 워커를 포크하려면 `zmq-filer-rep-cluster.js`를 어떻게 바꿔야 하는가?

양방향 메시징

다음 프로젝트를 위해서는 이 장에서 배웠던 0MQ 푸시/풀 소켓과 Node.js 클러스터링 기법을 사용해야만 한다. 이 클러스터화된 프로그램은 3개의 워커로 이루어진 풀을 만들고 그들에게 30개의 일을 나누어 줄 것이다. 할 일이 많아 보이지만 전체 프로그램은 100 줄 이하일 것이다.

`cluster`와 `zmq` 모듈을 사용하여 다음의 일을 하는 Node.js 프로그램을 만들어 보라.

마스터 프로세스는

- PUSH 소켓을 만들고 그것을 IPC 종점에 바인드한다. 이 소켓은 워커에게 일을 보내는 용도이다.
- PULL 소켓을 만들고 그것을 다른 IPC 종점에 바인드한다. 이 소켓은 워커로부터 메시지를 받는다.
- 준비가 된 워커의 수를 계속 기록한다(초기값은 0이다).
- PULL 소켓의 메시지를 리스닝한다. 그리고
  - 만약 메시지가 *ready* 메시지이면 ready 카운터를 늘린다. 아니면
  - 만약 메시지가 *result* 메시지이면 콘솔에 출력한다.
- 3개의 워커 프로세스를 만든다.

- ready 카운터가 3에 다다르면 PUSH 소켓을 통해서 30개의 일 메시지를 배포한다.

각각의 워커 프로세스는

- PULL 소켓을 만들어 마스터의 PUSH 종점에 연결한다.
- PUSH 소켓을 만들어서 마스터의 PULL 종점에 연결한다.
- PULL 소켓의 메시지를 리스닝한다. 그리고
  - 이것을 **일**(*job*)로 대하고 PUSH 소켓을 통해 **결과** 메시지를 보내는 것으로 대응한다.
- PUSH 소켓에서 *ready* 메시지를 보낸다.

결과 메시지는 최소한 워커의 프로세스 ID를 포함해야 한다. 이 방법으로 콘솔 출력을 점검하고 작업량이 워커 프로세스 사이에 로드밸런싱 되어 있는지 확인할 수 있다.

진도가 전혀 안 나간다면 다운로드 할 수 있는 예제 코드를 참조하기 바란다. 할 수 있다. 행운을 빈다!

CHAPTER 5

데이터베이스 접근하기

데이터는 사라지지 않고 보존되어야만 하는데, 이를 위한 가장 효과적인 방법은 바로 데이터베이스이다. 지금까지 본 것처럼 Node.js는 비동기식으로 네트워크 I/O를 처리하는데, 데이터베이스에 접근하는 방식도 마찬가지이다. 따라서 어떤 데이터베이스를 사용하건, 비동기 요청을 하는 데 있어 익숙해져야 한다.

데이터베이스를 다루면서 Node 개발에 있어 다음과 같은 점을 배울 것이다.

아키텍처와 코어

Node.js는 빠르다—정말 빠르다. Node를 사용하다 보면 시스템 자원을 다 써버리거나 연결되어 있는 타 시스템에 과부하가 걸리기 쉽다. 이런 문제들을 어떻게 줄이고, 실제 이런 문제가 발생되었을 때 어떻게 대응하는지를 배울 것이다.

패턴

비동기 자바스크립트 프로그래밍은 서로 의존하고 있는 작업들이 많으면 더 복잡해질 수 있다. 여기서는 npm 모듈 async를 사용하여 작업을 배치(batch) 혹은 순차적으로 처리하는 기법 몇 가지를 배울 것이다. RESTful APIs도 광범위하게 다루어 보겠다.

자바스크립티즘

가끔 자바스크립트 코드가 원래 쓰여진 것과는 다른 상황에서 실행될 때가 있다. 이 때문에 자바스크립트 함수들을 어떻게 특정 환경에서 다른 환경으로 내보내는지를 배우게 될 것이다.

지원 코드

전 장에서는 우리가 만든 코드를 여러 시나리오에서 실행하는 것으로 테스트를 했다. 이 장에서는 npm의 일반적인 테스팅 도구를 가지고 코드 테스트와 유닛 테스트를 실행해 본다.

서로 다른 데이터베이스는 클라이언트와 커뮤니케이션을 할 때 다른 프로토콜을 사용한다. 어떤 데이터베이스는 TCP를 통한 단순 텍스트 기반의 명령을 사용하고, 어떤 것들은 자신들만의 바이너리 프로토콜을 가지고 있다. 또 다른 데이터베이스들은 Representational State Transfer(REST)를 사용한다.

여기서는 Node에서의 데이터베이스를 사용하는 방법을 살펴보기 위해 CouchDB를 기본 데이터베이스로 정했다.[1] CouchDB는 데이터베이스를 만드는 것부터 시작해서 시스템 상태를 보고하고, 맵리듀스 쿼리를 실행하는 것까지 모든 작업에 REST를 사용한다. 특히, Node의 비동기 데이터베이스 접근을 배우는 데 CouchDB를 사용하면 몇 가지 장점이 있다.

CouchDB의 장점

CouchDB와의 상호작용은 적절한 HTTP 요청(requests)을 만드는 것이 거의 전부다. 이 때문에 HTTP와 REST 사례를 다룰 기회가 많다. 이 과정에서 얻게 되는 정보들은 page 117, **제6장. 확장 가능한 웹 서비스**에서 RESTful 서비스를 실행할 때 유용할 것이다. 또한, 이 장에서 사용될 기법들은 아마존이나 구글에서 발표한 다른 RESTful API에도 적용이 가능하다.

CouchDB가 자바스크립트를 말할 줄 안다는 것은 보너스다. CouchDB에 데이터를 저장할 때 우리는 JSON 문서를 사용한다. CouchDB 문서는 잠시 후에 살펴볼 특별한 속성 두 가지를 갖고 있는 JSON 객체이다. CouchDB에서의 인덱싱(indexing)과 쿼링(querying)은 자바스크립트로 쓰여진 맵리듀스 뷰로 진행되는데, 이 역시 REST로 접근 가능하다.

끝으로, npm 자체가 CouchDB를 광범위하게 사용한다. npm 모듈에 대한 메타데이터가 CouchDB에 저장되어 있고 거기서 쿼리가 이루어진다. 이런 이유 때문인지 Node.js 코어 개발자 그룹과 CouchDB 커뮤니티 사이에는 중첩되는 부분이 있다.

이제 CouchDB를 설치하고 실행해 보자. 다음으로는 CouchDB와 작업할 툴 키트를 만들 것이다. CouchDB는 많은 플랫폼에 쉽게 설치 가능하다. 바이너리는 프로젝트 웹사이트에서 쉽게 구할 수 있고 아니면 패키지 매니저를 이용할 수도 있다. 홈브루(Homebrew)와 Mac OS X를 사용하고 있다면 `brew install couchdb` 명령으로 CouchDB를 설치할 수 있다.

5

---

1 https://couchdb.apache.org/

CouchDB가 설치되면 명령행에서 couchdb 명령으로 시작한다.

```
$ couchdb
Apache CouchDB 1.2.1 (LogLevel=info)  is starting.
Apache CouchDB has started. Time to relax.
(info) [<0.31.0>] Apache CouchDB has started on http://127.0.0.1:5984/
```

이 책의 목적상 특정 버전의 CouchDB가 필요하지는 않다. 우리는 버전 별로 바뀌지 않은 기본적인 RESTful 작업에만 초점을 맞출 것이다.

이번 장을 통해 우리는 몇 개의 Node 스크립트와 모듈을 개발할 것이다. 가장 먼저 해야 할 일은 그것들을 위한 공간을 마련하는 것이다. 패키지 디스크립터부터 시작해 보자.

패키지 만들기

먼저 앞으로 작업을 진행할 컴퓨터에 databases라는 디렉토리를 하나 만든다. 이번 장에서 만드는 모든 프로그램, 데이터 파일, 예 등은 다 이 디렉토리를 이용할 것이다. 편집기를 열어 다음을 입력한다;

```
databases/package.json
{
  "name": "book-tools",
  "version": "0.1.0",
  "description": "Tools for creating an ebook database.",
  "author": "Your Name <you@yoursite.com>  (http://yoursite.com/path)"
}
```

이 파일을 우리 프로젝트 디렉토리에 package.json으로 저장한다

Node 프로젝트에서 package.json 파일은 프로젝트 자체와 그 프로젝트의 의존(dependency) 모듈에 대한 정보를 가지고 있다.[2] 이 짧은 예제는 프로젝트 이름, 버전,

2 https://npmjs.org/doc/json.html

간단한 개요 및 저자와 같은 기본 정보만을 포함하고 있다. package.json 파일을 손으로 직접 만드는 대신 npm init 명령을 사용할 수도 있다.

npm을 통해 모듈을 설치할 때는 해당 모듈을 package.json 파일 안에 의존 모듈로 저장할 수 있는데, --save 플래그를 사용하면 된다. 프로젝트 디렉토리로부터 다음 명령을 실행하자:

```
$ npm install  --save request
```

이 명령은 request 모듈을 설치하면서, package.json에 의존 모듈로 기록한다. package.json 파일을 다시 보면 이제 다음처럼 보이는 의존 모듈 섹션이 존재하는 것을 보게 될 것이다:

```
"dependencies" : {
  "request" : "~2.26.0"
}
```

package.json 파일 안에 의존 모듈에 대해 설정해 놓으면 나머지는 npm이 알아서 설치해 준다. 이것은 모듈을 배포하거나 아니면 다른 개발자들과 같은 코드 기반에서 작업을 할 때 아주 유용하다. 현재 프로젝트를 위한 모든 의존 모듈을 설치하려면 npm install을 다른 추가적 변수 없이 실행하면 된다.

다음으로는 새롭게 설치한 request 모듈로 CouchDB에 대한 REST 요청을 만들어 보자.

레스트풀(RESTful) 요청 만들기

REST란 HTTP에 기반한 원칙이다. REST에서 각 URL 경로는 특정 **자원**을 가리킨다. 바꾸어 말하면 URL은 사물이다. REST는 URL 경로가 특정 작업을 위한 스크립트를 작동시키는 많은 서버 디자인과 극명하게 대비된다(여기서 URL은 행동이다).

HTTP 그 자체는 요청/응답 프로토콜인데, 특정한 **명령**으로 URL에 대한 요청을 보낸다. 수신되는 요청에 대한 HTTP 명령은 URL이 가리키는 자원에 대해 서버가 어떤 종류의 행동을 취해야 할지를 결정한다.

우리가 작업을 하는 모든 데이터베이스는 생성(create), 읽기(read), 갱신(update), 삭제(delete)—CRUD—와 같은 최소한 네 가지 기본적인 기능을 제공한다. CouchDB 같은 RESTful 데이터 저장소는 각 기능에 대해 다른 HTTP 명령을 사용한다. 레코드의 생성에는 POST, 읽기에는 GET, 갱신에는 PUT, 그리고 삭제에는 DELETE를 사용한다.

명령행으로부터의 REST

Node에 내장된 `http` 모듈은 HTTP 요청을 할 수 있는 함수를 가지고 있다. 하지만 request 모듈이 이 작업을 훨씬 더 쉽게 해 준다. `request` 모듈을 어떻게 사용하는지 배우기 위해 먼저 CouchDB를 다루기 위한 명령어 입력 인터페이스(command-line interface(CLI)) 도구를 만들어 보자. 이 CLI 도구를 이용해 CouchDB를 설정하고 REST 사용법 일부를 실험해 보자.

편집기를 열고 다음을 입력한다:

databases/dbcli.js

```
#!/usr/bin/env  node  --harmony
const
  request = require( 'request' ),
  options = {
    method: process.argv[2]  ||  'GET' ,
    url:  'http://localhost: 5984/ '  +  (prcocess.argv[3]  ||' ' )
  } ;
request(options,  function(err,  res, body)  {
  if (err)  {
    throw Error(err) ;
  } else  {
    console.log(res.statusCode,  JSON.parse(body) ) ;
  }
}) ;
```

이 파일을 `dbcli.js`로 저장한다. 간단하지만 이 프로그램으로 CouhDB 서버와 꽤 많은 일을 할 수 있다. 먼저, 이 스크립트는 `request` 모듈을 불러온다. 이제까지 우리가 본 모듈이 자바스크립트 객체인 것과 달리 `request` 모듈 객체는 사실상 함수이다. 이 모듈을 사용하는 주된 방법은 그것을 호출하는 것이다.

`request()`함수는 옵션 객체와 콜백 두 개의 변수를 가진다. 실정해야 할 가장 중요한 옵션은 HTTP 메소드와 접근하려는 URL이다. 이 스크립트는 HTTP 메소드와 경로 정보를 명령행 변수로부터 가져오거나 기본값을 사용한다.

스크립트가 `#!`로 시작하기 대문에 바로 실행될 수 있다. 파일을 실행 가능하게 만들기 위해 터미널에서 다음을 입력한다:

```
$ chmod  +x  dbcli.js
```

이제 테스트를 할 시간이다. CouchDB 서버가 가동되고 있다면 다음과 같은 출력을 볼 것이다:

```
$ ./dbcli.js
200 { couchdb: 'Welcome' , version:  '1.2.1' }
```

CouchDB 서버의 루트 (/)에 HTTP GET 요청을 보내면 CouchDB는 환영 메시지로 응답한다.

CouchDB REST를 위해 CLI 사용하기

기본적으로 CouchDB의 **데이터베이스**는 거대한 문서 더미다. 각 데이터베이스는 루트로부터 한 단계 아래 경로인 URL에 위치한다. 이를테면 `books`라는 데이터베이스가 있다면 `/books`에 위치할 것이다. 아직 생성되지 않은 books 데이터베이스를 GET(read)하는 테스트를 하면 결과가 어떨지 한 번 보자:

```
$ ./dbcli.js  GET books
404  {error:  'not_found' , reason:  'no_db_file'}
```

books 데이터베이스가 아직 없기 때문에 HTTP 404 Not Found 상태 코드를 보게 된다. 이제, 데이터베이스를 만들기 위해 HTTP PUT 메소드를 사용한다:

```
$ ./dbcls.js PUT books
201 {ok : true}
```

CouchDB가 데이터베이스를 성공적으로 생성했음을 알리는 `201 Created` 상태 코드를 회신했다.

POST와 PUT의 차이는 미묘하지만 중요하다. REST로 접근할 수 있는 자원의 URL 전체경로가 있다면 PUT을 사용한다. 그렇지 않다면 POST를 사용한다. 따라서 기존의 자원을 갱신(update)하는 거라면 항상 PUT을 쓰는 것이 맞다. 하지만 새로운 자원을 만들 때는, 그 자원이 있을 URL의 전체경로를 아는 경우에만 PUT을 사용한다.

books 데이터베이스의 경우 그것이 `/books`에 있다는 것을 알고 있기 때문에 PUT 동사를 쓰는 것이 맞다.

이제 books 데이터베이스를 GET 메소드로 요청하면 CouchDB는 200 OK 상태 코드와 데이터베이스에 대한 정보를 회신한다.

```
$ ./dbcli.js  GET books
200  {  db_name:  'books' ,
  doc_count:  0.
  doc_del_count:  0,
  update_seq:  0 ,
  purge_seq:  0 ,
  compact_running:  false ,
  disk_size:  79 ,
  data_size:  0 ,
  instance_start_time:  '1376409945081320' ,
  disk_format_version:  6 ,
  committed_update_seq:  0  }
```

books 데이터베이스를 삭제하기 원한다면 DELETE HTTP 메소드를 사용할 수 있다. 단, 지금 사용하지는 않는다: 다음 과제인 Node.js로 다량의 데이터를 가져오는 작업을 위해 당분간은 books 데이터베이스가 필요하다.

진짜 데이터 가져오기

다음으로는 request 모듈을 이용해 다량의 데이터를 books 데이터베이스로 가져온다. 이 과정에서 page 82, **제한된 자원 문제**에서 처음 접했던 제한된 자원 문제에 부딪칠 것이다. 그리고 이것이 비동기 코딩 기법의 실험 배경이 된다.

먼저, 작업을 할 데이터를 좀 가져와야 한다. 여기서는 공공 영역의 작품을 무료 ebook 형태로 제공하는 데 매진하고 있는 Project Gutenberg 사이트의 카탈로그 데이터를 사용할 것이다.[3]

Project Gutenberg 데이터 다운로딩하기

Project Gutenberg는 그들이 보유한 43,000권이 넘는 책들 각각에 대한 Resource Description Framework(RDF)를 포함한 카탈로그를 다운로드 번들(bundle)로 만들었다(RDF는 XML 기반의 포맷이다). 이 카탈로그 파일의 bz2 버전은 크기가 약 13 MB이다. 압축을 완전히 풀면, 500 MB 이상의 RDF 파일이 포함되어 있다.

rdf-files.tar.bz2를 다운로드하고 압축을 풀기 위해 databases/project 디렉토리를 열어 다음의 명령을 시행한다.

```
$ curl -O http://www.gutenberg.org/cache/epub/feeds/rdf-files.tar.bz2
$ tar -xvjf rdf-files.tar.bz2
x cache/epub/0/pg0.rdf
x cache/epub/1/pg1.rdf
x cache/epub/10/pg10.rdf
...
x cache/epub/9998/pg9998.rdf
x cache/epub/9999/pg9999.rdf
x cache/epub/999999/pg999999.rdf
```

명령이 실행되면 모든 RDF 파일을 담은 **캐시**(cache) 디렉토리가 만들어진다. 각 RDF 파일은 Project Gutenberg ID를 따라 파일명이 만들어지며 각 책에 대한 메타데이터를 포함하고 있다. 이를테면 책 번호 132는 Lionel Giles가 1910년 번역한 순지

3 http://www.gutenberg.org

(Sunzi-손무)의 *손자병법(The Art of War)*이다.

다음은 cache/epub/132/pg132.rdf로부터 발췌한 것인데, 우리가 관심을 가진 필드만 표시한 것이다.

```
<rdf: RDF>
  <pgterms:ebook  rdf:about="ebooks/132">
    <dcterms:subject>
      <rdf:Description>
        <dcam:memberOf   rdf:resource="http://purl.org/dc/terms/LCSH"/>
        <rdf:value>Military art and science -- Early works to 1800</rdf:value>
        <rdf:value>War -- Early works to 1800</rdf:value>
      </rdf:Description>
     </dcterms:subject>
     <dcterms:title>The Art of War</dcterms:title>
   </pgterms:ebook>
   <pgterms:agent  rdf:about="2009/agents/4349">
      <pgterms:name>Sunzi  (6th cent.  BC)</pgterms:name>
   </pgterms:agent>
   <pgterms:agent   rdf:about="2009/agents/5101">
     <pgterms:name>Giles, Lionel</pgterms:name>
   </pgterms:agent>
</rdf:RDF>
```

우리가 추출해 내고 싶은 주요 정보는 다음과 같다:

- Gutenberg ID
- 책의 제목
- 저자(에이전트) 목록
- 주제 목록

이 모든 정보를 CouchDB로 전달하려면 RDF 파일을 파싱해서 JSON 문서로 만들어야 한다.

Node로 XML 데이터 파싱하기

XML 파일을 파싱하기 위해서 jQuery와 유사하게 XML 문서를 다룰 수 있는 라이브러리인 cheerio를 사용한다.

먼저, npm을 통해 cheerio를 설치하고 의존 모듈로 저장한다:

```
$ npm install  --save cheerio
```

다음으로는 데이터베이스 프로젝트 안에 `lib` 디렉토리를 만든다. RDF 파싱 유틸리티는 모듈로 만들 것이다.

편집기를 열어 다음을 입력한다:

databases/lib/rdf-parser.js

```
'use strict' ;
const
  fs = require( 'fs' ) ,
  cheerio = require('cheerio');

module.exports = function(filename,  callback)  {
  fs.readFile(filename, function(err,  data)  {
    if (err)  {  return callback(err) ;  }
    let
      $ = cheerio.load(data.toString() ),
      collect = function(index,  elem)  {
        return  $(elem) , text( ) ;
      } ;

    callback(null,  {
      _id: $('pgterms\\:ebook').attr('rdf:about').replace('ebooks/', ''),
      title: $('dcterms\\ :title'). text(),
      authors:  $('pgterms\\ :agent pgterms\\ :name'). map(collect),
      subjects: $('[rdf\\:resource$="/LCSH"] ~ rdf\\:value').map(collect)
    }) ;
  }) ;
} ;
```

이 파일을 `lib/rdf-parser.js`로 저장한다.

앞에서 사용했던 request 모듈처럼, 이 모듈은 함수를 제공한다. 모듈의 사용자는 파일 경로와 추출한 데이터를 다룰 콜백을 변수로 이 함수를 호출해야 한다.

주 모듈 함수는 명시된 파일을 비동기 방식으로 읽는다. 그리고는 데이터를 cheerio 안으로 로딩한다. Cheerio가 반환하는 객체는 $ 변수에 할당된다. 이 객체는 jQuery 글로벌 함수 $와 아주 흡사하게 작동한다—요소들을 쿼링하고 수정하기 위한 함수를 제공하는 것이다.

collect()함수는 요소 노드(elementary node) 세트에서 텍스트 노드의 배열을 추출하기 위한 유틸리티 함수다. 이 모듈의 로직은 대부분 callback() 함수 안의 네 줄에 들어 있다 :

- 먼저 16번 줄에서 <pgterms:ebook> 태그를 찾아 rdf:about 속성을 읽고 숫자 부분만을 읽어낸다.
- 17번 줄에서 <dcterms:title> 태그의 텍스트 콘텐츠를 뽑아낸다.
- 18번 줄에서 <pgterms:agent> 아래의 모든 <pgterms:name> 요소를 찾는다. 그리고 그것들의 텍스트 콘텐츠를 모아서 배열로 만든다.
- 마지막으로 19번 줄에서 형제 연산자(sibling operator)(~)를 사용해서 rdf:resource= 속성이 *LCSH*로 끝나는 요소와 형제 사이인 <rdf:value> 요소들을 찾는다. 찾은 후에는 그것들의 텍스트 콘텐츠를 모은다.

LCSH는 Library of Congress Subject Heading(미국 국회 도서관 주제 명 표목표)[4]을 나타낸다. 이것은 도서 목록 기록에 사용하기 위한 색인 용어를 모은 것이다. 나중에 특정 주제에 대한 책을 찾는 데 이용할 것이다.

코드가 약간 빽빽하지만 이 코드는 복잡한 스키마(schema)로부터 데이터를 선택해서 간단한 자바스크립트 객체로 재포맷한다. 네 줄 코드로 훌륭하지 않은가!

그렇다면 제대로 실행되었는지 어떻게 알 수 있는가? 간단한 프로그램을 통해 그 산출물이 우리가 기대했던 것인지 보도록 하자:

4 https://en.wikipedia.org/wiki/Library_of_Congress_Subject_Headings

```
$ node --harmony -e \
  'require("./lib/rdf-parser.js")("cache/epub/132/pg132.rdf", console.log)'
null { _id: 132,
  title: 'The Art of War',
  authors: [ 'Sunzi (6th cent. BC)', 'Giles, Lionel' ],
  subjects:
   [ 'Military art and science -- Early works to 1800',
     'War -- Early works to 1800' ] }
```

1차 관문을 통과할 정도는 된다. 하지만 더 잘 할 수 있다. 다음에서는 어떻게 이 모듈을 위한 유닛 테스트를 만들어 내는지 보도록 하자.

Nodeunit으로 유닛 테스트하기

RDF parser 모듈을 위한 유닛 테스트를 만들어 보자. 테스트를 통해 이 모듈이 우리가 믿고 있는 것처럼 작동한다는 것을 확인할 수 있을 것이다. 또 어떻게 Node에서 유닛 테스트를 하는지 볼 수 있는 기회이기도 하다.

npm을 통하여 구할 수 있는 유닛 테스팅 프레임워크는 다양한데, 가장 인기 있는 몇 개를 들자면 mocha,[5] vows,[6] nodeunit[7] 등이 있다. 여기서는 nodeunit을 사용할텐데 상대적으로 간단하기도 하고 비동기 테스트와, 철저한 동일성(equality) 확인을 지원하기 때문이다.

많은 Node 모듈들은 라이브러리로 사용되도록 만들어졌다. 하지만 nodeunit 같은 일부 모듈은 명령행에서 독립형 프로그램으로 실행되도록 만들어져 있다. 그러한 모듈을 전역으로 설치하기 위해서는 npm의 -g 플래그를 이용한다.

```
$ npm install -g nodeunit
```

성공적으로 설치되었는지를 확인하려면 which를 통해 경로를 물어본다:

5 http://visionmedia.github.io/mocha/

6 http://vowsjs.org/

7 https://npmjs.org/package/nodeunit

5

```
$ which nodeunit
/usr/local/bin/nodeunit
```

이제 유닛 테스트를 만들어보자. 데이터베이스 프로젝트 디렉토리 안에 test라는 서브 디렉토리를 만든다. 그리고 pg132.rdf 파일을 안에다 복사한다.

```
$ mkdir test
$ cp cache/epub/132/pg132.rdf test/
```

편집기를 열어 다음을 입력한다:

databases/test/pg132.json

```
{
  "_id": "132",
  "title": "The Art of War",
  "authors": [
    "Sunzi (6th cent. BC) ",
    "Giles, lionel"
  ] ,
  "subjects": [
    "Military art and science -- Early works to 1800",
    "War -- Early works to 1800"
  ]
}
```

이 JSON 파일을 test/pg132.json으로 저장한다.

이제 이 테스트 데이터를 사용하는 유닛 테스트를 쓸 수 있을 것이다. 편집기를 열어 다음을 입력한다:

databases/test/test-rdf-parser.js

```
'use strict' ;
const
  rdfParser = require('../lib/rdf-parser.js'),
  expectedValue = require('./pg132.json');
exports.testRDFParser = function(test) {
  rdfParser(__dirname + '/pg132.rdf', function(err, book) {
    test.expect(2);
```

```
    test.ifError(err);
    test.deepEqual(book, expectedValue, "book should match expected");
    test.done();
  }) ;
} ;
```

파일을 test-rdf-parser.js로 저장한다. 이 테스트 모듈은 testRDFParser()라는 함수 하나를 외부에 제공하는데, 이것은 rdf-parser 모듈을 사용해서 pg132.rdf를 읽고 파싱한다. 그리고 받은 객체와 pg132.json에 정의된 예상 출력 사이에 철저한 동일성 확인을 실행한다.

require()를 이용해서 JSON 파일의 콘텐츠를 읽는 것에 주목하자. .json으로 끝나는 파일을 요청하면, 사용자 편의를 위해 Node는 그것을 파싱하고 마치 exports에 할당된 것처럼 객체를 반환한다.

pg132.rdf로의 경로를 찾는 데 사용된 __dirname 변수도 주목해야 한다. __dirname 변수는 모듈이 실행되고 있는 디렉토리를 가리킨다. 이 변수가 없었다면 nodeunit 명령이 호출된 곳을 기준으로 경로를 계산해야 했을 것이다.

테스트를 실행하기 위해 node --harmony를 통해 nodeunit을 실행하고 test/ 디렉토리를 변수로 건네 준다:

```
$ node --harmony $(which nodeunit) test/

test-rdf-parser
✔ testRDFParser

OK : 2 assertions (437ms)
```

훌륭하다! 우리 모듈에는 하나의 함수만 있기 때문에 테스트는 이대로 놔둔다. 만약 테스트할 함수가 더 있다면 이 테스트 파일에 더 많은 테스트 함수를 더하거나 아니면 테스트 디렉토리에 더 많은 파일을 추가하면 된다.

5

Node.js의 속도 조절하기

RDF 파싱 모듈이 준비 되고 테스트도 잘 끝났다면 이제 본격적으로 그 수천 개의 데이터 모두를 데이터베이스로 가져와 보자.

더 나아가기 전에 한 가지 짚고 넘어갈 것이 있다. 이 장에서의 코드는 성능 관련 문제와 그것에 대한 해결안을 보여주려 하고 있다. 하지만 사용자의 하드웨어의 속도와 운영 시스템의 설정이 그 결과에 영향을 미칠 수 있다는 것을 유념하기 바란다.

캐시 디렉토리의 데이터에 접근하기 위해서 file이라는 모듈을 사용할 것이다.[8] 이것도 npm을 통해 구할 수 있다. 앞에서처럼 설치하고 저장한다. 그리고 시작해 보자:

```
$ npm install  --save file
```

file 모듈은 walk()라는 편리한 함수를 가지고 있다. 이 함수는 디렉토리 계층구조를 따라 움직이며 발견하는 각각의 파일을 위해 콜백을 호출한다.

대규모 파일 파싱

이 함수를 사용해 모든 RDF 파일을 찾아 RDF 파서로 보내자. 편집기를 열고 다음을 입력한다:

```
databases/list-books.js
'use strict';
const

  file = require('file'),
  rdfParser = require('./lib/rdf-parser.js');

console.log('beginning directory walk');

file.walk( __dirname + '/cache'. function(err, dirPath, dirs, files){
  files.forEach(function(path) {
    rdfParser(path, function(err, doc){
      if(err) {
```

8 https://npmjs.org/package/file

```
            throw err;
        } else {
            console.log(doc);
        }
    });
  });
});
```

입력이 끝나면 데이터베이스 프로젝트에 `list-books.js`로 저장한다. 이 짧은 프로그램은 `cache` 디렉토리를 훑으며 RDF 파일이 발견될 때마다 하나씩 RDF 파서에 전달하는 작업을 한다. 만약 아무런 에러가 없다면 파서의 콜백은 변환된 JSON을 콘솔에 표시한다.

프로그램을 실행하고 어떤 결과가 나오나 보자:

```
$ node --harmony list-books.js
beginning directory walk

./list-books.js : 12
        throw err;
              ^
Error: EMFILE , open ' ./cache/epub/12292/pg12292.rdf '
```


실패다! 사실 이 문제는 큰 문제가 없어 보이는 `Error: EMFILE`로 가려져 있다. 이런 유형의 문제는 시스템상에서 사용할 수 있는 파일 디스크립터가 (통상 10,000이 좀 넘는다) 다 소진되었을 때 발생한다.

이 문제 해결에는 몇 가지 방법이 있다. 하나는 운영 시스템 안의 파일 디스크립터 최대치를 늘리는 것이다. 하지만 이것은 임시 방편에 지나지 않는다. 더 큰 파일 세트를 다룰 때 또 만나게 된다.

다른 방법은 `rdf-parser` 모듈을 수정해서 EMFILE 에러를 받았을 때 재시도하게 하는 것이다. 예를 들면 서드파티 모듈 `graceful-fs`가 이런 식이다.[9]

하지만 의존 모듈이 항상 파일 핸들링을 적절히 할 거라고 기대할 수는 없다. 그래

9 https://npmjs.org/package/graceful-fs

서 작업 큐잉(*queuing*)이라는 다른 방법을 사용할 것이다. 각 파일 경로를 RDF 파서로 즉시 보내는 대신 처리 할 일의 대기열로 보내고, 그 대기열로 동시에 수행되는 작업량을 조절하는 것이다.

진행중인 작업을 제한하기 위한 큐잉

이 작업을 위해 async 모듈을 사용할 것이다.[10] 다음과 같이 설치한다.

```
$ npm install  --save async
```

async는 비동기 코드를 관리하는 저부하 메커니즘을 제공한다. 예를 들면 async 모듈은 일련의 비동기 작업들을 순차적이거나 아니면 동시에 처리하는 함수를 가지고 있고, 작업이 완료되면 콜백 함수를 호출할 수도 있다.

많은 작업들을 실행하면서도 실행되고 있는 작업량은 "항상" 제한해야 한다. 그리고 이 때문에 async.queue()가 필요하다.

편집기를 열고 다음을 입력한다:

databases/list-books-queued.js

```
'use strict'
const

  async = require('async') ,
  file = require('file') ,
  rdfParser = require('./lib/rdf-parser.js') ,

  work = async.queue(function(path,  done) {
    rdfParser(path, function(err, doc) {
      console.log(doc) ;
      done( ) ;
    }) ;
} ,  1000) ;

console.log('beginning directory walk') ;
file.walk(__dirname + '/cache', function(err, dirPath, dirs, files) {
```

10 https://npmjs.org/package/async

```
  files.forEach(function(path) {
    work.push(path);
  }) ;
}) ;
```

이 파일을 list-books-queued.js로 저장한다. async.queue()에 워커 함수를 전달하여 work 객체를 만들었고, 동시에 실행되는 작업량을 1,000개로 제한한 것을 주목하라. work 객체는 push() 함수가 있어 처리할 경로를 추가할 수 있다.

대기열을 생성하기 위해 사용한 워커 함수는 path와 done 두 개의 변수를 취한다. path 변수는 디렉토리 계층구조에서 발견한 RDF 파일로의 경로이다. done은 워커 함수가 작업 대기열에 있는 다음 경로를 처리할 수 있다고 신호를 하기 위해서 호출하는 콜백이다.

Node.js에서는 콜백에 대한 마지막 변수가 done이나 next 함수인 경우가 일반적이다. 기술적으로는 여러분이 원하는 아무 이름이나 이 변수에 붙일 수 있다(여러분이 작성한 함수다). 하지만 done이나 next로 이름 붙이는 것은 이것이 변수를 하나도 취하지 않은 콜백 함수고, 현재 우리가 하고 있는 작업을 끝마치면 정확히 한 번만 호출해야 한다고 나타내는 것이다. 그에 반해, callback이라고 이름 붙여진 콜백 함수는 보통 err 변수로 시작해서 하나 혹은 그 이상의 변수를 취한다.

자, 이제 프로그램을 테스트해서 더 잘 작동하는지 보도록 하자. 프로그램을 시작하고 뭔가 화면에 나타나는 것을 보기까지는 상당한 시간이 걸릴텐데, 원래 예상한 바이다.

```
$ node --harmony list-books-queued.js
{ _id: 0, title: '', authors: [], subjects: [] }
{ _id: 10,
  title: 'The Bible, Old and New Testaments, King James Version',
  authors: [],
  subjects: [ 'Religion' ] ,
{ _id: 1,
  title: 'United States Declaration of Independence',
  authors: [ 'United States' ],
  subjects: [ 'United States -- History -- Revolution, 1775-1783 -- Sources' ] }
{ _id: 1000,
```

5

```
  title: 'La Divina Commedia di Dante',
  authors: [ 'Dante Alighieri' ],
  subjects: [ 'Poetry' ] }
...
```

훌륭하다! 이 프로그램은 그냥 놔두면 꽤 오랫동안 돌아갈 것이다. 일단 Ctrl-C로 프로그램을 종료한다.

이제 마지막 스텝이다. RDF 문서들로부터 데이터베이스를 채워보자.

모든 함께 담기

파서와 속도 조절을 하는 작업 대기열이 만들어졌다. 여기에 마지막 조각을 더할 차례이다. 레코드를 데이터베이스에 넣는 것이다.

list-books-queued.js 파일을 편집기를 연다. 먼저, dbcli.js 프로그램에서 그랬던 것처럼 파일의 맨 위에 추가적인 require 행을 더해서 request 모듈을 불러온다. 그리고 rdfParser()로 전달한 콜백을 찾는다. 거기에 있는 코드를 다음과 같이 바꾼다:

databases/import-books.js

```
rdfParser(path, function(err, doc) {
  request({
    method: 'PUT' ,
    url: 'http://localhost:5984/books/' + doc._id,
    json: doc
  }, function(err, res, body) {
    if (err) {
      throw Error(err) ;
    }
    console.log(res.statusCode, body) ;
    done();
   });
});
```

변경한 파일을 import-books.js로 저장한다. 파싱된 객체(doc)를 바로 콘솔에 표시하는 대신 request()를 이용해서 데이터베이스에 저장한다. 그리고 데이터베이스로부터 받은 응답을 콘솔에 표시한다.

과연 어떻게 작동하는가 살펴볼 시간이다. 명령행에서 시작해 보자:

```
$ node --harmony  import-books.js
beginning  directory  walk

./import-books.js : 18
            throw  Error (err ) ;
                   ^
Error :  Error :  write  ECONNRESET
      at  Error  (<anonymous>)
      at  Request._callback  (./import-books.js:18:17)
      at  self.callback  (./node_modules/request/index.js : 148:22)
      at  Request.EventEmitter.emit  (events.js: 100: 17)
...
```

발생한 에러는 EMFILE 에러가 아니다. 파일 디스크립터가 소모되어 발생한 문제가 아니다. ECONNRESET 에러는 데이터베이스와의 TCP 연결이 갑자기 끊겼다는 뜻이다. 별로 놀랄 일은 아니다. 왜냐하면 수천 개의 TCP 연결을 동시에 수행하려고 한 것이기 때문이다.

우리가 할 수 있는 가장 쉬운 방법은 워커 큐의 동시 실행 수를 줄이는 것이다. 1,000개의 동시 실행 작업을 10으로 바꾼다. 코드를 변경하고, books 데이터베이스를 비우고 재시도한다.

```
$ ./dbcli.js  DELETE books
200 { ok: true }
$ ./dbcli.js  PUT books
201 { ok: true }
$ node --harmony import-books.js
beginning directory walk
201 { ok: true, id: '0', rev: '1-453265faaa77a714d46bd72f62326186' }
201 { ok: true, id: '1', rev: '1-52a8081284aa74919298d724e5b73589' }
201 { ok: true,
  id: '10002',
  rev: '1-cf704abd67ec797f318dc6c949c7beed' }
201 { ok: true,
  id: '10000',
  rev: '1-4ccce019854dd45ba6a7c5c064c4460b' }
...
```

5

201은 생성을 나타내는 HTTP 상태 코드라는 것을 기억하자. 앞에 보이는 201 코드들은 데이터베이스에 문서들이 성공적으로 생성되었음을 의미한다.

이 프로그램은 완료까지 꽤 시간이 걸린다. 다른 터미널에서 앞에서 만든 dbcli 프로그램을 실행하면 프로그램의 진행상황을 확인할 수 있다. `./dbcli.js GET books`를 실행하고 출력 화면의 `doc_count` 속성을 보면 얼마나 많은 레코드를 가져왔는지 알 수 있다.

업데이트 충돌 다루기

데이터 쿼리를 다루기 전에 한 가지 더 다뤄야 할 것이 있다. 첫 항목에 뭔가 이상한 게 있다. book 0를 보자:

```
$ ./dbcli.js GET books/0
200 { _id: '0',
  _rev: '1-453265faaa77a714d46bd72f62326186',
  title: '',
  authors: [],
  subjects: [] }
```

ID가 0인 책에는 제목이 없다. 저자도 없고 주제도 없다. 이 레코드는 단지 템플릿이다. 관련된 RDF 파일은 거의 비어 있다.

이 문서는 필요 없기 때문에 지우자. DELETE를 사용해 제거한다:

```
$ ./dbcli.js DELETE books/0
409 { error: 'conflict', reason: 'Document update conflict.' }
```

CouchDB가 409 충돌 상태 코드로 응답했다. 사실 이건 좋은 것이다. CouchDB는 기존 문서를 수정할 때 리비전(revision) ID를 요구함으로써 충돌과 경합이 생기지 않도록 한다. 요청에 `rev` 변수가 들어있지 않았는데다, 우리가 지우려고 하는 문서의 리비전 값과도 일치하지도 않았다.

그래서 존재하는 문서를 DELETE로 삭제하거나 PUT으로 수정하기 위해서는 다음과 같이 리비전 값이 필요하다:

```
$ ./dbcli.js DELETE books/0?rev=1-453265faaa77a714d46bd72f62326186
200 { ok: true, id: '0', rev: '2-1ab4213771c4fbf4c48e11c246e8a6fc' }
```

각각의 데이터베이스와 RESTful 서비스는 충돌 처리도 다르게 한다. rev 변수를 필요로 하는 것은 CouchDB에 한정된 특징이다.

문서가 데이터베이스에 저장되었다면 데이터 쿼리를 다룰 시간이다.

맵리듀스 뷰(Mapreduce View)로 데이터 쿼리하기

데이터베이스에 따라 데이터를 쿼리하는 방법도 다르다. 하지만 대부분은 일종의 **인덱싱**(*indexing*) 개념을 포함하고 있다. 데이터베이스의 데이터를 인덱스하면 데이터의 특정 필드나 속성을 통해 빠른 검색이 가능해 진다.

CouchDB에서는 **뷰**(*view*)를 생성하는 맵리듀스 함수를 작성한다. 뷰는 일종의 인덱스인데, 값을 문서에 맵핑(mapping)한다. 이 뷰를 가지고 특정 속성이나 필드를 가진 문서를 쿼리할 수 있는데, 마치 저자를 가지고 책을 찾는 것과 같다.

여기서는 Gutenberg 데이터에 대해 두 가지 뷰를 만들 것이다. 하나는 저자로 책을 찾는 것이고, 또 하나는 주어진 주제로 책을 찾는 것이다. CouchDB 뷰는 자바스크립트 코드로 이루어져 있기 때문에 Node.js 모듈로 보관하고 그것을 CouchDB로 불러들이는 작은 유틸리티 프로그램을 작성할 것이다.

5

Node로 교차환경(Cross-Environment) 스크립트 쓰기

자바스크립트 코드를 작성할 때 대게는 그 프로그래밍 작업 환경과 같은 **환경**에서 코드가 실행되기를 바랄 것이다. 예를 들면, 누군가 Node 모듈에서 함수를 작성한다면 향후 Node 프로세스들이 그 함수를 실행하기를 기대할 것이다.

그럼에도 가끔은 우리가 만든 자바스크립트 코드가 다른 환경에서 사용될 때가 있다. 나는 이것을 **교차환경 스크립트** 쓰기라 부른다. 자바스크립트가 작성된 환경과 실행되는 환경이 다른 것을 의미한다. 우리의 경우 CouchDB에서 실행할 함수를 Node에서 작성할 것이다.

이제 뷰 코드를 작성해 보자. 편집기를 열고 다음을 입력한다

```
databases/lib/views.js
module.exports = {
  by_author:  {
    map:  function(doc)  {
      if  ( 'authors' in doc)  {
        doc.authors.forEach(emit) ;
      }
    } . toString( ) ,
    reduce:  '_count'
  },

  by_subject:  {
    map: function(doc)  {
      if  ( 'subjects ' in doc)  {
        doc.subjects. forEach(function(subject)  {
          emit(subject,  subject) ;

          subject.split(/\s+--\s+/). forEach(function(part)  {
            emit(part,  subject) ;
           }) :
        }) ;
      }
    }. toString( ) ,

  reduce:  '_count'
  }
} ;
```

이 파일을 프로젝트의 `lib` 디렉토리에 `views.js`로 저장한다.

첫 번째 뷰는 특정 저자의 책을 찾게 해 주는 by_author이다. 이것의 map() 함수는 author 배열을 가진 각각의 문서(즉, 우리가 가져온 책)의 저자별로 문서의 키를 내보낸다. 데이터베이스가 책이 아닌 문서를 가지고 있을 수도 있기 때문에 그 문서가 저자 키를 가지고 있는지를 확인해야 한다.

두 번째 뷰는 by_subject이다. subjects 배열의 주제 전체와 주제를 이루는 단어(두 개의 대시(--)로 나눠진다)를 다 보낸다. 예를 들면, 어떤 책이 **"암살범-드라마"**라는

주제를 가지고 있다고 하자. by-subject 매퍼(mapper)는 "암살범–드라마", "암살범", "드라마"라는 세 개를 내보낼 것이다. 이러면 전체 주제나 부분 주제로 책을 찾을 수 있게 된다.

앞의 두 뷰의 맵 함수는 문자열로 인코드 되어야만 CouchDB에 담을 수 있다. CouchDB는 JSON 문서만을 허용하기 때문이다(그리고 true 함수는 JSON에서 허용이 안 된다). 두 뷰를 위한 reduce 함수는 CouchDB의 빌트인 _count 함수이다. 이것은 특정 저자나 특정 주제의 책이 몇 권인지를 알 수 있게 해 준다.

이제 이 뷰들을 데이터베이스 안으로 가져와 보자.

async.waterfall로 콜백 묶기

CouchDB는 디자인 문서(*design documents*)라는 특별한 문서에 뷰들을 저장한다. 다른 문서와 마찬가지로 보통의 REST 명령을 사용해서 디자인 문서를 더하거나 제거한다. 따라서 CouchDB에 우리의 뷰를 포함하고 있는 디자인 문서를 PUT해야 한다.

언급된 대로 이 뷰들을 담는 디자인 문서를 생성하거나 업데이트하는 스크립트를 써보자. 편집기를 다시 열어 다음을 입력한다:

databases/make-views.js

```
#!/usr/bin/env  node  -- harmony
'use strict' ;
const
  async = require( 'async' ) ,
  request = require( 'request' ) ,
  views = require( './lib/views.js' ) ;
async.waterfall( [

  // get the existing design doc  (if present)
  function(next)  {
    request.get('http://localhost:5984/books/_design/books ' , next) ;
  } ,

  // create a new design doc or use existing
  function(res, body, next)  {
    if (res.statusCode ===200)  {
      next(null,  JSN.parse(body)) ;
```

5

```
    } else if (res.statusCode === 404)  {
      next(null, { views:  { }  } ) ;
    }
  },

  //add views to document and submit
  funciton(doc, next)  {
    Object.keys(views) . forEach(function (name)  {
      doc.views[name] = views[name] ;
    }) ;
    request( {
      method:  'PUT' ,
      url:  'http://localhost:5984/books/_design/books ' ,
      json:  doc
    } ,  next) ;
  }
] , function(err, res, body) {
  if (err)  {  throw err;  }
  console.log(res.statusCode,  body) ;
}) ;
```

이 파일을 make-views.js로 프로젝트 디렉토리에 저장하고 터미널에서 chmod를 사용하여 실행 가능하도록 만든다. 이 프로그램은 async 모듈의 waterfall() 함수를 사용해서 일련의 비동기 함수들을 실행한다. waterfall 함수를 사용하면 코드를 깔끔하게 작성할 수 있는데, waterfall 함수를 쓰지 않았다면 콜백들 때문에 들여쓰기를 많이 해야 했을 것이다.

waterfall()은 두 개의 변수를 가진다. 차례대로 실행될 함수 배열과 모든 것이 완료되었을 때 호출할 요약 함수다. 배열 안의 각 함수는 몇 개의 변수와, 결과를 다음 함수에 전달하는 next 콜백을 가진다.

우리의 첫 번째 함수는 next 함수를 콜백으로 이용해서 _design/books라 불리는 디자인 문서에 대한 요청을 시작한다. 만약 이 프로그램을 처음 실행하는 거라면 아직 _design/books 문서가 없을 것이고 따라서 요청에 대해 404 Not Found 상태 코드가 회신된다.

두 번째 함수는 회신이 404 Not Found인지 200 OK인지를 확인하는 함수이다. 200 OK이면 회신 바디(body)안의 반환된 JSON을 파싱해서 전달한다. 404 Not Found인 경우 디자인 문서를 만들어서 다음 함수로 전달한다.

세 번째 함수는 views.js 모듈에 넣은 뷰를 디자인 문서에 복사한다. 그 다음에 데이터베이스에 PUT 요청을 통해 새롭게 문서를 생성하거나 수정한다. 앞에서의 요청들처럼 request()를 위한 callback에 next 함수를 사용한다.

마지막으로 요약 함수는 마지막 요청으로부터 반환된 상태 코드와 회신 바디를 보고한다. 생성된 산출물은 dbcli.js 프로그램과 같다.

한 번 시험해 보도록 하자! 터미널을 켜고 make-views.js를 실행한다:

```
$  ./make-views.js
201  {  ok: true ,
  id:  '_design/books ' ,
  rev:  '1-7e273ea81e766d078ea17f0c4950fe2a' }
```

OK!, 좋다—데이터베이스에 디자인 문서가 있다. 이제 뷰를 통해서 쿼리할 수 있게 됐다. CouchDB의 다른 작업들과 마찬가지로 뷰를 이용한 데이터 쿼리도 REST를 통해 이루어진다.

예를 들면, 모든 저자와 그들이 쓴 책의 수에 대한 목록을 받을 수 있다. _design/books 문서를 특수 접미사 _view/by_author로 불러오는 것인데, 이것은 CouchDB에게 발생된 뷰의 결과를 원한다고 말하는 것이다. 5

```
$ ./dbcli.js GET books/_design/books/_view/by_author?group=true
200 { rows:
   [ { key: '"Colored Quartet" (name unknown)', value: 1 }
     { key: '(Mrs.) L. P.', value: 1 },
     { key: ''Abdu\ 'l-Baha', value: 19 }
     { key: 'A Gentleman of Elvas [pseud.]', value: 1 },
     { key: 'A--a', value: 1 }
     { key: 'A--No.1, value: 1 },
     { key: 'A. C. F.', value: 1 }
     { key: 'A. L. O. E.', value: 5 },
     { key: 'A. E.', value: 2 },
...
```

결과가 돌아 오기까지는 시간이 걸릴 것이다. 특히, `_design/books` 문서를 최근에 더 했다면 더 그럴 것이다. map 함수를 처리하기 위해 CouchDB는 데이터베이스 안의 모든 문서를 디자인 문서로 처리해서 뷰를 만들어야 한다. 이후 새로운 문서가 추가되면, CouchDB는 만들어진 뷰를 점진적으로 갱신한다(매번 그 과정을 다 실행할 필요는 없다).

`group=true` 변수는 CouchDB에 reduce 함수를 실행한 결과도 원하고 있음을 말하는 것이다. reduce 함수는 기본적인 카운트이기 때문에 각 행의 `value` 필드는 해당 작가의 책 수이다. 이를테면 "*A. E.*"라는 작가는 2권의 책의 저자이다.

CouchDB에서는 특정 `key`나 `startkey`와 `endkey`를 URL 변수로 정하여 뷰 레코드의 서브세트(subset)를 요청할 수 있다. 이 기능은 **page 117, 제6장 확장 가능한 웹 서비스**에서 데이터를 쿼리하는 자체 RESTful 인터페이스를 구축할 때 활용할 것이다.

요약 정리

이번 장에서는 데이터베이스를 다뤄보는 것으로 여러 내용을 다루어 봤다. 그 첫 발로 npm을 통한 의존성 관리를 위해 `package.json` 파일이 갖추어진 프로젝트 디렉토리를 생성했다.

RESTful, JSON 기반, 문서 지향 데이터 저장소인 CouchDB를 선택함으로써 RESTful API가 어떻게 작동되는지 자세히 보았다. `request` 모듈을 이용해서 Node로부터의 HTTP 클라이언트 요청 만들기를 단순화 하기도 했다.

한 걸음 한 걸음 나아가 Node로 대량의 데이터를 CouchDB로 불러오는 스크립트를 만들었다. Node의 빠른 속도가 시스템 자원들을 다 쓰고 다른 서비스를 과부하하게 걸리게 하는 불리하게 작용하는 점도 보았다. 이 문제를 고치기 위해 `async` 모듈을 사용해서 작업을 대기열에 넣는 기법을 살펴보았다. 또한, `nodeunit`을 사용해서 모듈을 위한 유닛 테스트를 개발하고 실행하는 것도 배웠다.

견고성

page 106, **모두 함께 담기**에서는 동시 실행 수를 1,000에서 10으로 낮춤으로써 ECONNRESET 문제를 처리했다.

- 여전히 ECONNRESET가 나타난다면 어떻게 되는가?
- 작업 재시도를 하려면 코드를 어떻게 바꿀것인가?

CHAPTER 6

확장 가능한 웹 서비스

Node.js를 둘러싼 많은 얘기들은 확장 가능한 웹사이트, 앱, 그리고 서비스를 만드는 데 Node를 어떻게 활용하는가에 집중되어 있다. 이번 장에서는 RESTful, JSON 기반의 견고한 웹 서비스를 개발할 것이다. 웹 서비스를 만들어 봄으로써 Node 개발의 다음 측면들을 파헤쳐 보자.

아키텍처와 코어

Node의 http 모듈로 기본적인 HTTP 서버를 만드는 방법을 배운다.

패턴

일부 Node 모듈은 자체 플러그-인 시스템을 통하여 추가적인 기능을 제공받는다. 이 장에서는 Express를 위한 플러그-인을 사용하고, Express의 미들웨어 패턴이 어떻게 추가적인 기능을 위한 연결 고리를 제공하는지 배울 것이다. 더해서 비동기 코드를 쓰는 데 있어 강력한 개념인 promise(프라미스)도 사용할 것이다.

자바스크립티즘

ECMAScript Harmony는 이터레이터(iterator)와 제너레이터(generator)라는 새로운 개념을 도입했다. 어떻게 제너레이터를 만들고 사용하는지를 배우고 프라미스(promise)와 합해져 비동기 프로그래밍을 단순화 하는 것도 배울 것이다.

지원 코드

이 장에서는 프로젝트의 시동을 거는 스크립트를 명시하는 것과 같은 npm의 더 많은 특성들을 사용할 것이다. 또한, nodemon을 활용해서 Node 프로그램을 모니터하고 소스 코드가 바뀌면 자동적으로 재시작하도록 할 것이다.

Node.js는 `http` 모듈을 이용해서 곧바로 가벼운 HTTP 서버 기능을 제공하고 있다.[1] 하지만 로-레벨 `http` 모듈을 바탕으로 직접 서비스를 구현하는 것은 일이 엄청 많을 수 있다. 그래서 Express를 이용해 웹 서비스를 만들 것이다.[2]

코드 샘플들이 더 많이 다룰 것이기 때문에 직접 입력하지 말고 이 책에 따라오는 코드를 다운로드 받아 쓰는 편이 나을 것이다. 코드를 다운로드 받는 곳에서

1 http://nodejs.org/api/http.html

2 http://expressjs.com/

web-services 디렉토리에 들어가보면 이번 장에 나오는 코드가 모두 있다. 바로 가서 받아보도록 하자. 그러면 이제부터 Express를 이용하여 웹 서비스를 구현해보자.

Express의 장점

Express는 Ruby 프로젝트 Sinatra[3]를 본 떠서 만든, Node를 위한 웹 애플리케이션 프레임워크이다. Express는 많은 미들웨어 성격의 코드를 제공하는데, 만약 Express가 없었다면 전부 개발자가 직접 구현해야 할 것들이다. 왜 그런지 http 모듈만을 사용하는 기본적인 Node.js 서버를 통해 알아보자.

web-services/server.js

```
const
  http = require( 'http' ) ,
  server = http.createServer(function(req, res)  {
    res.writeHead(200,  { 'Content-Type' : 'text/plain ' }) ;
    res.end( 'Hello World|n' ) ;
  }) ;
server.listen(3000, function( )  {
  consloe.log( 'ready  captain! ') ;
}) ;
```

이것은 net 모듈을 사용해서 기본적인 TCP 서버를 만드는 것과 아주 흡사하다. 먼저 http 모듈을 불러왔다. 콜백 함수를 변수로 createServer() 함수를 호출하고 마지막으로 server.listen()을 사용해 TCP 소켓에 바인드해 요청을 기다린다. 콜백 함수는 수신되는 HTTP 요청(req)으로부터의 정보를 해석해서 적절한 회신(res)을 보낸다.

이 예에서 주목할 것은 이것이 무엇을 하느냐가 아니라 무엇을 하지 않느냐이다. 통상의 웹 서버들이 신경 써야 하는 많은 소소한 작업들을 이 코드는 손도 대지 않았다. 여기 몇 개의 예가 있다.

3 http://www.sinatrarb.com/

- URL 경로에 따른 라우팅
- 쿠키를 통한 세션 관리
- 수신되는 요청들(폼 데이터 혹은 JSON)의 파싱
- 잘못된 요청 거절

Express 프레임워크는 이러한 작업들뿐 아니라 많은 다른 작업들도 도와준다.

Express로 API 서비스 만들기

다른 Node 모듈과 마찬가지로 Express를 사용하려면 먼저 npm으로 설치해야 한다. 우리가 작업해 온 예제 프로젝트는 이미 Express에 대한 의존성을 명시하고 있다. 이제 우리가 할 일은 `npm install`을 실행하는 것이다. 프로젝트를 처음부터 만든다면, `npm install --save express`를 실행하여 최신 버전의 Express를 다운로드 받고 `package.json` 파일에 의존 모듈로 기록하게 한다.

어떻게 작동하는지 감을 잡기 위해 Hello World Express 앱을 살펴보도록 하자. 이 기반 코드를 확장해서 우리만의 RESTful API를 만들 것이다. 터미널에서 예제 프로젝트의 `hello` 서브디렉토리로 찾아가 본다. 거기서 찾은 `server.js` 파일의 내용은 다음과 같을 것이다:

web-services/hello/server.js

```
#!/usr/bin/env  node  --harmony
'use strict' ;
const
  express = require( 'express' ) ,
  app = express( ) ;
app.use(express.logger( 'dev' )) ;
app.get( '/api/:name' , function(req.  res)  {
  res.json(200,  {  "hello" : req.params.name }) ;
}) ;
app.listen(3000,  function( )  {
  console.log( "ready  captain. ") ;
}) ;
```

먼저, 이 프로그램은 express 모듈을 불러와서 앱을 만든다. 지난 장에서 작업한 request 모듈처럼 express 모듈은 그 자체가 함수이다. 이 함수를 호출하면 express는 애플리케이션 컨텍스트(context)를 생성한다. 관례상 이것을 app 변수라 부른다.

Express의 기능은 **미들웨어**라 불리는 것을 통해 제공된다. 미들웨어는 요청과 응답 객체를 다루는 비동기 함수이다. 우리의 앱을 위한 미들웨어를 지정하기 위해서 appl.use()를 호출해 원하는 미들웨어를 전달한다. 여기서는 dev 모드로 설정된 logger 미들웨어를 사용하는데, 수신되는 모든 요청을 콘솔에 표시할 것이다.

다음으로는 app.get()을 사용해 /api/:name 경로에 대한 HTTP GET 요청을 어떻게 처리하기 원하는지 Express에 알려준다. 경로상의 :name 부분은 **지명된 라우트 변수**(*named route parameter*)라 불리는 것이다. API가 요청되면, Express는 URL에서 라우트 변수를 읽어서 req.params를 통하여 이용할 수 있도록 만든다.

get()에 더해 Express는 PUT, POST, DELETE 요청을 위한 핸들러를 등록하기 위해 put(), post(), del()을 가지고 있다. 우리의 경우 res라는 회신 객체에게 hello 키가 name 변수로 설정되어 있는 JSON 객체를 돌려 보내라고 시킨다.

마지막으로 이 프로그램은 수신되는 HTTP 요청들을 TCP 포트 3000을 통하여 기다리며, 연결 준비가 되었을 때 콘솔에 메시지를 표시한다. 앱을 실행해 어떻게 돌아가는지 보자.

npm으로 서버 실행하기

node 명령으로 서버를 직접 시작하는 대신 이번에는 npm을 사용할 것이다. hello 디렉토리에서 터미널을 열고 npm start를 실행한다:

```
$ npm start

>hello@0.1.0 start ./hello
>node --harmony server.js

ready captain
```

npm은 package.json 파일에 있는 scripts 부분 때문에 어떻게 이 서버를 돌리는

지를 알고 있다. package.json을 열면 다음과 같은 섹션을 발견할 것이다:

```
"scripts": {
  "start" : "node --harmony ./server.js"
},
```

scripts 부분에는 더 많은 스크립트를 더할 수 있다. 예를 들면 test 항목을 더해 npm test로 프로젝트의 유닛 테스트를 실행하는 것도 흔한 일이다.

curl로 REST 종점 테스트하기

Hello 서버를 가동하고 테스트를 시작하자. 별도의 콘솔에서 /api/* 경로를 curl로 요청한다:

```
$ curl -i http://localhost:3000/api/jimbo
HTTP/1.1 200 OK
X-Powered-By: Express
Content-Type: application/json
Content-Length: 22
Date: Tue, 10 Sep 2013 14:41:22 GMT
Connection: keep-alive

{
  "hello" : "jimbo"
}
```

curl은 특정 서버에 HTTP 요청을 할 때 유용한 명령행 도구이다. -i 플래그를 더하는 것은 curl에게 JSON 바디에 더해 HTTP 헤더도 출력하라고 지시하는 것이다. 서버 터미널로 다시 가면 다음을 보게 될 것이다(다 logger 미들웨어 덕분이다).

```
GET /api /200 7ms -22b
```

이제 Express를 이용한 REST 서비스 구현의 기초를 알아보았다. 이제 좀 더 유용한 것을 만들어보자.

모듈형 Express Service 구현하기

이 장의 남은 부분에서는 **번들**을 만들고 관리하기 위해 Express로 RESTful 웹 서비스를 구축할 것이다. 번들은 기본적으로 독서 목록이다. 앱의 이름은 Better Book Bundle Builder라 부르자(줄여서 b4).

남은 장에서는 새롭게 만든 b4 데이터베이스뿐 아니라 page 87, 제5장. **데이터베이스 접근하기**에서 우리가 만들었던 books 데이터베이스를 많이 사용할 것이다. 먼저, 우리의 애플리케이션은 대략 다음과 같이 돌아갈 것이다:

- 두 개의 데이터베이스와 커뮤니케이션 한다: books 데이터베이스와 b4 데이터베이스.
- b4 애플리케이션에게 books 데이터베이스는 읽기전용(read-only)이다. 어떠한 문서도 더하거나, 지우거나, 덮어쓰지 않을 것이다.
- b4 데이터베이스는 사용자가 만든 번들을 포함한 사용자 데이터를 저장한다.

b4 데이터베이스를 만들기 전에 CouchDB가 실행되고 있는지 확인하자. 명령행으로부터 curl을 사용해 데이터베이스를 생성한다:

```
$ curl -X PUT http://localhost: 5984/b4
{"ok" :true}
```

-X 플래그는 어떤 HTTP 함수를 사용할지 정하게 해준다. 이 장에서는 웹 서비스를 테스트 하는 데 curl을 많이 사용할 것이다.

이제 모듈형 RESTful 웹 서비스를 만들 준비가 끝났다.

서버 코드를 모듈로 분리하기

Hello World 예와 같이 b4 서비스의 주 시작점은 server.js 파일이다. 하지만 app.get()으로 핸들러를 직접 할당하는 대신 이제는 일부 설정 변수를 정하고 API 모듈을 끌어오도록 한다.

다음은 Hello World 버전과 다른 b4/server.js의 부분이다:

```
web-services/b4/server.js
const config = {
  bookdb: 'http://localhost:5984/books/',
  b4db: 'http://localhost:5984/b4/'
};

require('./lib/book-search.js')(config, app);
require('./lib/field-search.js')(config, app);
require('./lib/bundle.js')(config, app);
```

이 세 개의 API 모듈 각각은 config 부분과 라우트 함수를 더하기 위한 Express app 두 개의 변수를 취한다.

서버를 실행하고 나서 API 모듈에 대해 파헤쳐 볼 것이다. 이번에는 npm start를 사용하는 대신 nodemon을 사용한다. "Node Monitor"의 약자인 nodemon은 Node.js 프로그램을 시작하고 소스 코드가 바뀔 때마다 자동적으로 재시작하게 한다.

먼저 npm을 통해 nodemon을 전역으로 설치한다.

```
$ npm install -g nodemon
```

이제 nodemon을 사용해서 b4 서비스를 시작하자.

```
$ nodemon --harmony server.js
16 Sep 19:05:50 - [nodemon] v0.7.8
16 Sep 19:05:50 - [nodemon] to restart at any time, enter 'rs'
16 Sep 19:05:50 - [nodemon] watching: ./web-service/b4
16 Sep 19:05:50 - [nodemon] starting 'node --harmony server.js'
ready captain.
```

이제부터는 검색 API에 대해서 알아보도록 하겠다.

검색 API 구현하기

번들을 만들려면 먼저 목록에 담을 책을 찾아야 한다. 우리가 만드는 모듈형 웹 서비스는 필드 검색(저자와 주제를 찾기 위해)과 책 검색(특정 저자나 주제별로 책을 찾기 위해)을 위한 두 개의 검색 API를 제공한다.

이 두 검색 API의 Node.js 코드는 상당히 비슷하다. 따라서 여기서는 필드 검색만 집중해서 보고 책 검색은 이 장 마지막 요약 정리 및 질문에서 다룰 것이다.

필드 검색 API는 사용자들이 입력한 문자열로 시작하는 저자나 수제를 찾노록 도와준다. 이를 테면 `Croc`으로 시작되는 주제의 리스트를 얻으려면 다음처럼 요청을 한다:

```
$ crul  http://localhost:3000/api/search/subject?q=Croc
[
  "Crocheting" ,
  "Crocheting  -- Patterns" ,
  "Crockett,  Davy,  1786-1836" ,
  "Crocodiles" ,
  "Crocodiles --  Juvenile  fiction" ,
]
```

이 API는 사용자 인터페이스에도 쓸 수 있는데, 이를테면 사용자가 주제를 치기 시작하면 자동적으로 입력된 문자(또는 문자열)로 시작하는 주제를 제안하도록 만들 수 있다.

코드를 살펴보도록 하자. 다음은 `b4` 프로젝트에 있는 `lib/field-search.js` 파일의 내용이다:

web-services/b4/lib/field-search.js

```
'use strict' ;
const request = require( 'request' );
module.exports = function(config, app) {
  app.get( '/api/search/ :view', function(req, res) {
    request( {
      method: 'GET',
      url: config.bookdb + '_design/books/_view/by_ ' +req.params.view,
      qs: {
        startkey: JSON.stringify(req.query.q),
        endkey: JSON.stringify(req.query.q+ "\ufffo" ),
        group: true
      }
```

```
-      }, function(err, couchRes, body) {
-
15         // couldn't connect to CouchDB
-          if (err) {
-            res.json(502, {error: "bad_gateway", reason: err.code });
-            return;
-          }
20
-          // CouchDB couldn't process our request
-          if (couchRes.statusCode !== 200) {
-            res.json(couchRes.statusCode, JSON.parse(body));
-            return;
25         }
-
-          // send back just the keys we got back from CouchDB
-          res.json(JSON.parse(body).rows.map(function(elem){
-            return elem.key;
30         }));
-
-        });
-      });
-  };
```

이 프로그램은 짧지만 아주 많은 일을 한다. 하나씩 자세히 살펴보도록 하자.

먼저, 3번 줄에서는 module.exports를 함수로 설정한다. 이런 식으로 그 자체가 함수인 모듈(request와 express 같은)을 만드는 것인데, 한 가지만 하는 모듈을 작성할 때 유용한 패턴이다.

다음으로 4번 줄에서는 app.get()을 호출해 Express 앱에 라우트 함수 정보를 등록한다. 라우트 콜백 함수가 실행되면 이것은 5번 줄처럼 즉시 CouchDB에 요청을 보낸다. 요청 URL을 만들기 위해 req.params.view안의 값을 사용하는데, 이것은 Express가 URL로부터 추출한 것이다.

예를 들어, 누군가 /api/search/subject를 요청하면 자동적으로 CouchDB 뷰 _design/_book/_view/by_subject에 대한 요청을 시작할 것이다. req.params.view가 우리가 기대했던 값인지는 확인하지 않는 점을 주목하자. 이것은 이 장 마지막의 연습 문제로 남겨 놓았다.

CouchDB로부터 돌아오는 결과의 수를 제한하기 위해 qs 객체 안에 쿼리 문자열 변수를 명시한다. 9번 줄에서는 수신되는 URL 변수 q를 끌어 온다. 수신되는 요청이 ?q = Croc를 포함하면 req-query.q는 문자열 "Croc"(따옴표 없는)이 될 것이다.

뷰에 대한 요청을 받으면 CouchDB는 startkey와 endkey 변수를 사용하여 결과를 뽑아낸다. 예제의 경우 쿼리 문자열로 시작하는 모든 키를 원하고 있다. 따라서 endkey에 req.query.q + "\ufffo"를 사용하여 우리의 쿼리 변수로 시작하는 모든 키를 얻는다. 그리고 group을 true로 설정하는 것은 CouchDB에게 우리가 중복된 값을 제외하고 유니크 키만을 원한다는 것을 말해준다.

마지막으로 13번 줄부터는 CouchDB에 대한 요청이 반환됐을 때를 위한 핸들러 함수가 있다. 세 가지 결과에 대해 설명을 하겠다.

- 에러 상태—CouchDB가 응답을 하지 않았다. 이 경우 502 Bad Gateway를 요청자에게 보낸다.
- 실패 상태—CouchDB가 응답은 했다. 하지만 우리가 바라던 HTTP 200 OK가 아니다. 이 경우 내용 그대로 요청자에게 전달한다.
- 성공 상태—Couch DB가 우리가 찾는 데이터를 가지고 응답했다. 이 경우 JSON을 파싱하고 돌려 보낼 키만 추출한다.

이 예는 RESTful API를 구현할 때 부딪치는 일부 도전들을 보여준다. REST의 장점은 API를 위한 좋은 기반을 제공한다는 것이다. 다양한 경우에 대해서 HTTP 스펙은 아주 구체적인 상태 코드를 규정하고 있다.[4]

하지만 성공 및 실패의 다양한 상황에 대해 처리를 해야 하기 때문에 제대로 하는 것 자체가 도전이 될 수 있다. 프라미스는 이러한 도전에 대처하는 것을 도와주는 비동기 코드 관리 방법 하나를 제공한다. 다음 섹션에서 더 많은 RESTful API를 만들면서 보게 될 것이다.

6

4 http://www.w3.org/Protocols/rfc2616/rfc2616-sec10.html

프라미스(promise)와 RESTful API

자바스크립트를 내가 진짜 좋아하는 이유 중 하나는 이것이 가진 극단의 유연성이다. 자바스크립트에서는 무엇을 하던 7개의 다른 방법이 있어 자기가 좋아하는 것 하나를 고르면 된다. 특히, 비동기 코드 관리에 있어서는 더욱 그렇다.

우리는 이미 자바스크립트에서 비동기 코드를 다루는 여러 접근법을 보았다. 초기에는 통상의 Node.js 콜백을 사용했고, 그 이후에는 `EventEmitter`와 Stream에 대해 얘기했다. async 모듈과 그에 딸린 비동기 코딩 유틸리티도 알아보았다.

이제 번들 편집을 위한 RESRful API를 살펴보자. 여기서 비동기 코드 관리의 또 다른 접근법인 프라미스에 대해 얘기할 것이다.

프라미스로 POST를 통해 자원 만들기

번들 API를 위해 가장 먼저 필요한 것은 목록을 만드는 API이다. 이를 위해 Express에 POST 요청을 처리하는 라우터를 등록한다. 그리고 핸들러 안에서 요청들을 지속적으로 파악하는 데 프라미스를 사용할 것이다.

통상의 자바스크립트 함수는 실행되면 언제나 정상적으로 완료하거나 아니면 예외를 발생시키는 것 둘 중의 하나로 끝마친다. 동기 코드에서는 앞의 두 가지 경우로 충분하다. 하지만 비동기 코드에서는 그 이상이 필요하다. Node.js 콜백은 두 개의 변수를 사용해서 이 두 가지 경우를 반영한다(예를 들면 `function(err,data){...}`). 그리고 EventEmitters는 다른 이벤트 형식을 사용한다.

프라미스는 비동기 작업의 이 두 가지 결과(오류, 데이터)를 감싼 객체이다. 작업이 완료되면 프라미스는 데이터를 가지고 있거나, 오류 객체를 가지고 있게 된다. `then()` 함수를 사용해서 성공 상태를 처리하는 함수와 오류 상태를 처리하는 함수를 프라미스에 붙인다.

CouchDB 서버에 대한 `request()`의 결과를 가지고, 프라미스를 사용해서 실제 과정을 보자. 많은 프라미스 라이브러리를 npm을 통해 구할 수 있다. 여기서는 kriskowal의 `Q` 모듈[5]을 사용할 것이다. Q는 모든 기능을 갖춘 프라미스 라이브러리인

---

5 https://npmjs.org/package/q

데, 다른 비동기 코드 관리 접근법에도 적용될 수 있는 지원 함수를 많이 가지고 있다.

lib/bundle.js 파일을 열어 살펴보자. 맨 위에 request와 Q 모듈을 불러온 것을 볼 수 있다.

다음으로 module.export 함수 안에서 아래 코드를 찾을 수 있을 것이다. 이것은 번들을 만들기 위한 POST 핸들러의 소스이다:

web-services/b4/lib/bundle.js

```
app.post( '/api/bundle', function(req, res) {
  let deferred = Q.defer();
  request.post( {
    url: config.b4db,
    json: { type: 'bundle', name: req.query. name, books: {} }
  }, function(err, couchRes, body) {

      if (err) {
        deferred.reject(err) ;
      } else {
        deferred.resolve( [couchRes, body]);
      }
    });

    deferred.promise.then(function(args) {
      let couchRes = args[0], body = args[1];
      res.json(couchRes.statusCode, body);
    }, function(err) {
      res.json(502, { error: "bad_gateway", reason: err.code });
    });
});
```

이 코드는 CouchDB POST 요청을 보내고 그 결과를 받도록 app.post()를 사용해서 POST 라우트 함수를 더한다. curl로 다음과 같이 해볼 수 있다.

```
$ curl -x POST http://loclhost:3000/api/bundle/
{
  "ok": true,
  "id": "9122 b028cd8683df0813b0fc69000377",
  "rev": "1-7ef008d5d399c6ba0b1b02e09434406f"
}
```

코드 2번 줄에서는 `Deferred` 객체를 만들었다. 이 클래스는 Q 모듈에 특정된 것으로 프라미스를 다룰 때 필요한 함수를 제공한다.

결국 요청이 완료되면 deferred를 reject 상태로 만들어 error(9번 줄)를 전달하거나, resolve 상태로 만들어 CouchDB의 응답과 내용을 전달한다(11번 줄).

한편, 15번 줄에서는 `then()` 함수를 호출해 두 개의 함수를 받는다. 첫 함수는 프라미스가 데이터를 가지고 있을 때(성공) 호출된다. 두 번째 함수는 오류를 가지고 있을 때 호출된다.

Deferred 객체를 이같은 방법으로 만든다면 막지는 않겠지만 굳이 그럴 필요는 없다. Q 모듈은 Node 콜백과 같은 친근한 패턴으로 프라미스를 간단하게 만들 수 있는 함수를 제공하고 있기 때문이다. 상세 내용은 다음에서 목록을 불러오기 위한 API를 작성하면서 살펴보자.

GET과 nfcall( )을 통한 자원 불러오기

계속 `lib/bundle.js`와 작업을 하면서 번들 GET 요청을 위한 라우트 함수를 살펴보도록 하자. 방금 살펴본 POST 핸들러처럼 이것도 CouchDB에 대한 요청을 위해 프라미스를 사용한다. 하지만 명시적으로 Deferred 객체를 생성하지는 않는다.

web-services/b4/lib/bundle.js

```
app.get('/api/bundle/:id', function(req, res) {
  Q.nfcall(request.get, config.b4db + '/' + req.params.id)
    .then(function(args) {
      let couchRes = args[0], bundle = JSON.parse(args[1]);
      res.json(couchRes.statusCode, bundle);
    }, function(err) {
      res.json(502, { error: "bad_gateway", reason: err.code });
    })
    .done();
});
```

이 API는 앞에서 만든 목록의 ID를 이용하여 `curl`을 가지고 호출할 수 있다.

```
$ curl http://localhost:3000/api/bundle/9122b028cd8683df0813b0fc69000377
{
  "_id": "9122b028cd8683df0813b0fc69000377",
  "_rev": "1-7ef008d5d399c6ba0b1602e09434406f",
  "type": "bundle",
  "books": {}
}
```

1번 줄에는 app.get()을 가지고 /api/bundle/:id를 위한 Express 라우트 함수를 만든다. 하지만 2번 줄에서는 request()를 직접 호출하는 대신 Q.nfall(request.get...)을 호출한다.

Q의 nfcall() 함수는 "Node Function Call"의 약자이다. 이것은 마지막 변수로 통상의 Node.js 콜백 (request() 같은 콜백 함수)을 취하고, 함수를 실행하며, 프라미스를 반환한다. 사실 이것은 POST 핸들러가 Deferred를 만들어 명시적으로 한 것을 자동으로 하는 것이다.

그 다음에는 바로 앞에서처럼, 성공 상태 및 오류 상태 핸들러를 취하는 then() 함수를 호출한다. 마지막으로는 처리 안된 오류 상태의 프라미스를 프라미스 체인에 전달하기 위해서 done()을 호출한다.

Node.js에서 프라미스는 오류를 삼켜버리는 버릇이 있다. done()을 통하여 프라미스 체인에 처리되지 않은 오류를 전달하는 것은 Q 모듈의 뛰어난 점이다. promise를 만들 때는 다른 누군가 처리할 수 있게 반환하거나 done을 호출해야 한다.

프라미스가 하나일 때는 이 개념이 비동기 코드 관리를 도와주는지 분명하지 않다. 그 혜택은 관리해야만 하는 일련의 비동기 작업이 있을 때 분명해 진다.

프라미스 체인으로 PUT을 통한 자원 변경하기

지금까지 두 개의 GET 라우트 함수와 하나의 POST 라우트 함수를 살펴보았다. 여기서는 목록의 name 속성을 변경하는 코드(HTTP PUT을 사용)를 살펴보자.

이 코드는 우리가 앞에서 보았던 API보다 훨씬 광범위하게 프라미스를 통해 비동기 작업을 관리한다. 다음은 목록의 이름을 변경하기 위한 PUT 라우트 함수를 위한 코드이다.

web-services/b4/lib/bundle.js

```
Line 1 app.put('/api/bundle/:id/name/:name', function(req, res) {
-        Q.nfcall(request.get, config.b4db + '/' + req.params.id)
-          .then(function(args) {
-            let couchRes = args[0], bundle = JSON.parse(args[1]);
5            if (couchRes.statusCode !== 200) {
-              return [couchRes, bundle];
-            }
-
-            bundle.name = req.params.name;
10           return Q.nfcall(request.put, {
-              url: config.b4db + '/' + req.params.id,
-              json: bundle
-            });
-          })
15         .then(function(args)  {
-            let.couchRes = args[0], body = args[1];
-            res.json(couchRes.statusCode, body);
-          })
-          .catch(function(err) {
20           res.json(502, { error: "bad_gateway", reason: err.code });
-          })
-          .done();
-      });
```

이 핸들러는 번들을 가져오기 위한 GET API와 흡사하게 시작한다. `Q.nfcall()`을 통해 `request.get`을 시작해 프라미스를 만들고 계속해서 `then()` 함수를 사용해 응답을 처리한다. 여기까지는 좋다.

이제 `then()`에 대해 이해해야 할 중요한 사항이 있다. `then()`은 새로운 프라미스를 반환하는데, 이것은 success와 failure 콜백에서 무슨 일이 일어나느냐에 따라 실행되거나 거부된다. 다른 말로 하면, 프라미스에 `then()`을 호출하면 **프라미스 체인**을 구축하는 것이다: 각 프라미스는 앞에 온 것에 의존한다.

이 REST 핸들러는 `then()`을 두 번 호출한다.—하나는 3번 줄에 있고 다른 하나는 15번 줄에 있다. 두 번째 `then`의 핸들러는 첫 번째 것이 어떻게 되느냐에 따라 호출될 것이다.

첫 번째 then의 콜백을 살펴보자. args 배열에서 일단 couchRes와 bundle을 추출하고 우리가 바라던 200 OK 상태 코드를 얻었는지 확인해 봐야 한다. 만약 아니면 6번 줄에서 couchRes와 bundle을 배열에 반환한다. Q는 이런 반환문을 성공한 프라미스로 해석하고 두 번째 then의 핸들러 함수를 호출한다.

만약 우리가 쫓는 200 OK 상태를 얻는다면 이 함수는 계속해서 bundle의 name 필드를 덮어쓸 것이다. 번들 문서를 도로 CouchDB에 PUT하기 위해 또 다른 Q.nfcall()을 한다. 그리고 10번 줄에서 생성한 프라미스를 반환한다. Q는 이 두 번째 프라미스가 끝나기를 기다린다. 그리고는 두 번째 프라미스의 값을 이용해서 원래의 프라미스 값을 설정한다. 이 시점에서 두 번째 then의 핸들러가 시작되는 것이다.

어떤 경우에서건—값을 직접 반환하거나 또 다른 프라미스를 반환하거나—Q는 무엇을 해야 할지 안다.

마지막으로 19번 줄 프라미스 체인의 끝에 있는 catch() 함수를 주목하라. catch()는 then()과 비슷하지만, 성공 상태에 대한 핸들러 없이 오류를 처리하는 핸들러만을 취한다는 점이 다르다. catch 핸들러는 프라미스 체인 상의 어떤 프라미스라도 오류 값을 가지게 되면(프라미스가 오류 값으로 설정되었나 예외를 발생시킨 함수에 의해서) 호출된다.

catch라는 이름은 우연이 아니다. 동기 코드에서 try/catch 블록이 예외를 처리하는 것과 마찬가지로 catch 핸들러는 프라미스 기반의 비동기 코드에서 예외를 처리할 수 있게 해 준다.

비동기 코드 작업에 있어서 프라미스는 강력한 개념이다. 하지만 효과적인 활용을 위해서는 프라미스가 어떻게 작동하는지를 확실히 파악해야 한다. 프라미스는 비동기 워크플로를 단순화할 수 있는 가능성을 제시하는데, 특히 제너레이터(generator)라는 또 다른 강력한 개념과 결합되면 더욱 그렇다.

다음에는 어떻게 제너레이터가 프라미스와 같이 쓰이는지 살펴보고, 겉모양은 동기식 코드지만 실행은 비동기식인 코드를 만드는 방법도 알아보도록 한다.

6

제너레이터를 통한 컨트롤

제너레이터는 ECMAScript Harmony가 소개한 새로운 개념이다. 제너레이터는 그 실행을 잠시 중단하고 나중에 재개할 수 있다는 것을 제외하고는 함수와 같다.

아직은 완벽히 출시할 단계가 아니지만 테스트를 해 보려면 Node 버전이 0.10. x보다 높아야 한다(이를테면 아직은 불안정한 0.11같은). 하지만 이것이 ECMAScript가 향하고 있는 방향이고 우리가 미처 알기도 전에 출시될 수도 있다.

통상의 자바스크립트 함수는 실행되기 시작하면 둘 중 하나의 방법으로 끝난다. 코드의 끝에 도달하거나 return에 도달하여 정상적으로 끝마치거나 예외를 발생시킨다. 어쨌든 두 경우 모두 함수는 끝나게 된다.

하지만 제너레이터는 다르다. 제너레이터는 실제로 실행을 끝마치지 않고도 값을 전달할 수 있고 중단한 지점에서 재개할 수 있다.

제너레이터로 카운트다운 하기

제너레이터의 실행 과정을 간단한 예제를 통해 알아보자. 편집기를 열고 다음을 입력한다:

```
web-services/countdown.js
'use strict';
const
  countdown = function* (count) {
    while (count > 0) {
      yield count;
      count -= 1;
    }
  } ,

  counter = countdown(5),

  callback = function(){
    let item = counter.next();
    if (!item.done) {
      console.log(item.value);
      setTimeout(callback, 1000);
```

```
    }
  };
callback();
```

입력이 끝나면 countdown.js로 저장한다. 이 프로그램은 1초 단위로 5부터 카운트 다운을 하면서 각각의 값을 콘솔에 보낸다:

```
$ node  --harmony countdown.js
5
4
3
2
1
```

countdown() 함수는 **제너레이터 함수**이다. function*()에서의 별표(*)는 자바스크립트 엔진에 이 함수를 다르게 처리해 달라고 말하는 것이다.

시작값과 함께 countdown을 호출하면 제너레이터를 반환 받게 된다. 이 경우, countdown을 5를 시작값으로 호출하고 돌려 받은 제너레이터를 counter라 불리는 변수에 저장한다.

제너레이터 함수 안의 코드는 제너레이터의 next() 함수가 처음 호출될 때 실행을 시작해 yield를 만날 때까지 실행되며 그 값을 돌려 보낸다.

우리의 예는 callback이라 불리는 함수 안에서 counter.next()를 호출한다. 이 콜백 함수는 counter.next()가 반환한 객체를 item이라 불리는 변수에 저장한다. 이 객체는 두 가지 주목할 만한 속성을 가지고 있다.

- done—true거나 false: 제너레이터 함수가 끝까지 실행되었는지를 나타낸다.
- value—마지막으로 산출되거나 반환된 값

콜백 함수는 제너레이터가 아직 더 할 일이 있는지를 확인하고, 만약에 그렇다면 산출된 값을 표시하고 타임아웃을 설정해 1초 후에 다시 확인을 하도록 한다.

제너레이터와 비동기 코드

제너레이터는 실행을 무기한 멈출 수 있기 때문에 비동기 코드 처리에 있어 기발한 방법을 제공한다. 앞의 countdown 예가 그 방법을 보여주지는 않았다. 하지만 제너레이터 함수에서 yield를 통해 값을 전달하는 것을 살펴봤다.

이를테면 우리의 제너레이터 함수가 다음과 같은 줄을 포함하고 있다고 하자:

```
let x = yield;
```

이 경우 x의 값은 yield에 유보된 동안 generator.next()로 전달된 그 어떤 값이 될 것이다. 그래서 만약 generator.next(8)을 호출하면 x는 8이 된다.

제너레이터 함수와 호출(calling) 코드가 협력한다면 정말 근사한 일을 해 낼 수 있다. 가상의 제너레이터 함수로부터 다음의 줄을 고려해 보자:

```
let data = yield "./my-text-file.txt";
```

이 줄은 문자열 "./my-text-file.txt"를 전달하고 나서 실행을 유보한다. 그리고 그 파일로부터 데이터를 받으면 계속할 것이다. 만약 호출 코드가 문자열이 파일이름으로 취급해야 한다는 것을 안다면 fs.readFile()같은 것을 호출하고 generator.next(data)로 데이터를 제너레이터에 다시 전달할 수 있을 것이다.

다음에서 보겠지만 프라미스는 이런 종류의 패턴에 아주 잘 들어 맞는다.

프라미스와 같이 제너레이터 사용하기

번들과 작업하기 위한 Express API로 돌아가 보자. 이제까지 우리는 목록을 만들고 불러내는 방법과 목록의 name 속성을 갱신하는 것을 살펴보았다.

이제 HTTP PUT 요청을 이용해 목록에 책을 더하기 위한 API를 만들 것이다. 이 코드는 몇 개의 비동기 호출을 해야 한다: 하나는 기존의 목록을 불러오기 위한 것이고 또 하나는 책의 상세 내용을 읽기 위한 것이며, 마지막 하나는 목록 데이터를 다시 저장하기 위한 것이다. 이 모든 것을 구현하기 위해서 프라미스와 제너레이터를 이용하여 작업 흐름을 효율적이고 단순하게 만들 수 있다.

PUT book API 사용하기

바로 코딩으로 들어가기 전에 API가 어떻게 실행되는지 살펴보자. 코드를 쓰기 시작했을 때 무엇을 하고 있는지가 더 분명해질 것이다.

PUT book API를 사용하기 위해서는 번들이 필요하다. POST API로 `curl`을 통해 하나 만들어 보자:

```
$ curl -X POST http://localhost:3000/api/bundle?name=War%20Books
{
  "ok": true,
  "id": "d476de5d13555f2e8dd0eaac7c000984",
  "rev": "1-d90a9d2a08880d9f29e6fa4515702d50"
}
```

그 안에 이제까지 무엇이 있었는지 보기 위해 GET으로 요청을 한다(번들의 ID는 다를 수 있다).

```
$ curl http://localhost:3000/api/bundle/d476de5d13555f2e8dd0eaac7c000984
{
  "_id": "d476de5d13555f2e8dd0eaac7000984",
  "_rev": "1-d90a9d2a08880d9f29e6fa4515702d50",
  "type": "bundle" ,
  "name": "War Books" ,
  "books": {}
}
```


그리고 나서 손무의 *손자병법*(Project Gutenberg ID 132)을 더해 보자:

```
$ curl -X PUT \
  http://localhost:3000/api/bundle/d476de5d13555f2e8dd0eaac7000984/book/132
{
  "ok": true,
  "id": "d476de5d13555f2e8dd0eaac7c000984",
  "rev": "2-537b36e10212810fa3d081a9afc64282"
}
```

마지막으로 목록에 뭐가 더해졌는지 보자:

```
$ curl http://localhost:3000/api/bundle/d476de5d13555f2e8dd0eaac7c000984
{
  "_id": "d476de5d13555f2e8dd0eaac7c000984",
  "_rev": "2-537b36e10212810fa3d081a9afc64282",
  "type": "bundle",
  "name": "War Books",
  "books": {
    "132": "The Art of War"
  }
}
```

성공이다! "War Books(전쟁 서적)" 목록에 *손자병법*이 포함되어 있다.

이걸 가능하게 한 PUT 핸들러를 살펴보자. 이것이 이 장에서 우리가 살펴볼 마지막 코드인데 가장 복잡하기도 하다.

Q.async로 프라미스 전달하기

다음은 번들에 PUT을 통해 책을 더하는 것을 실행하는 `lib/bundle.js`에서 발췌한 것이다.

web-services/b4/lib/bundle.js

```
app.put('/api/bundle/:id/book/:pgid', function(req, res) {

  let
    get = Q.denodeify(request.get),
    put = Q.denodeify(request.put);

  Q.async(function* (){
    let args, couchRes, bundle, book;

    // grab the bundle from the b4 database
    args = yield get(config.b4db + req.params.id);
    couchRes = args[0];
    bundle = JSON.parse(args[1]);

    // fail fast if we couldn't retrieve the bundle
```

```
-       if (couchRes.statusCode !== 200) {
-         res.json(couchRes.statusCode, bundle);
-         return;
-       }
20
-       // look up the book by its Project Gutenberg ID
-       args = yield get(config.bookdb + req.params.pgid);
-       couchRes = args[0];
-       book = JSON.parse(args[1]);
25
-       // fail fast if we couldn't retrieve the book
-       if (couchRes.statusCode !==200) {
-        res.json(couchRes.statusCode, book);
-        return;
30      }
-
-       // add the book to the bundle and put it back in CouchDB
-       bundle.books[book._id] = book.title ;
-       args = yield put({url: config.b4db + bundle._id, json:bundle});
35      res.json(args[0]. statusCode, args[1]);
-
-     })()
-     .catch(function(err) {
-       res.json(502, {error: "bad_gateway", reason: err.code });
40    });
-   });
```

가장 먼저 주목할 것은 4번 줄인데, 여기서는 request.get과 request.put을 위해 Q.denodeify()를 호출한다. denodeify() 함수는 콜백을 기대하는 Node.js 스타일의 함수를 취하고 새로운 프라미스를 생성하는 함수를 반환한다. Denodeify( )를 사용하는 것은 Q.nfcall()을 사방에서 호출하는 것을 피할 수 있는 간편한 방법이다. 내신, 프라미스를 생성하는 함수를 denodeify( )에 전달하면 된다.

바로 그 다음 7번 줄에서는 제너레이터 함수로 Q.async()를 호출한다. Q의 async 함수를 실행시키면 제너레이터 실행을 시작할 새로운 프라미스 생성 함수를 반환한다. 37번 줄에서 바로 이 함수를 호출했다

제너레이터 안에서 프라미스를 yield를 통해 전달할 때마다 Q는 프라미스가 완

료 되기를 기다렸다가 완료된 값을 가지고 실행을 재개한다. 예를 들어 11번 줄에서는 CouchDB에 대한 `get` 함수 호출을 위한 프라미스를 전달한다. 요청이 완료되면 프라미스는 응답으로 받은 데이터를 포함하고 있게 되고 Q를 통하여 전달된 값을 `args`에 할당한다. 이것은 앞에서 우리가 보았던 `then(function(args){...})`을 호출하던 방식과 아주 흡사하다. 하지만 더 선형 스타일로 써졌다.

만약 CouchDB로부터의 HTTP 상태 코드가 우리가 바라고 있던 200 OK가 아닌 다른 거라면 그것을 그대로 요청자에게 전달하고 빨리 종료한다. 문제가 없다면 22번 줄의 두 번째 비동기 호출로 넘어가고 다시 한 번 CouchDB에 대한 `get` 호출을 위한 프라미스를 전달한다. 그리고 프라미스가 완료되었을 때 모든 것이 OK인지 다시 확인을 한다.

마지막으로 33번 줄에서는 목록에 책을 더하고 다시 `put` 요청을 위한 프라미스를 전달한다. put 요청이 완료되면 그 결과를 요청자에게 돌려 보낸다. 그리고 이 모든 비동기 작업 중에 뭔가 잘못되면 38번 줄에서 처리하게 된다.

이 API는 3개의 비동기 요청을 했다. 하지만 `Q.async`와 generator 덕분에 이것을 단지 한 개의 함수 안에서 처리했다. 좋은 측면은 이런 방법으로 코드를 쓰면 잠재적으로 그것을 동기적인 선형 코드처럼 보이게 한다는 것이다. 이런 혜택은 프라미스와 함께 약간은 마술적으로 보이는 컨트롤 로직 덕분이다.

요약 정리

이번 장은 Express로 RESTful API를 작성하는 단기 집중 강좌였다. 어떻게 Express 기반의 웹 서비스를 만드는지와 API 종점을 어떻게 별개 파일로 모듈화 하는지를 배웠다. npm에 어떻게 스크립트 명령을 더하고 `nodemon`을 이용해 어떻게 코드 변경 시마다 서비스를 재시작하는지도 배웠다.

또 비동기 코드를 관리하는 참신한 방법인 프라미스를 깊이 파헤쳐 보기도 했다. Q 라이브러리를 이용해서 프라미스 체인을 만들었고, 프라미스가 실패값을 가지는 경우를 다루어 봤다. 콜백 함수를 기대하는 Node.js 스타일 함수들을 어떻게 프라미스 생성 함수로 바꾸는지도 배웠다.

마지막으로 ECMAScript Harmony의 제너레이터 함수를 Q와 같이 사용하여 보이기는 동기식이지만 실제로는 비동기인 코드를 썼다. 이 코드는 읽기는 쉬우나 강력한 로직을 감추고 있다.

어떻게 Express의 라우트 함수(`get()`, `post()`, and friends)가 경로 기반의 라우팅을 쉽게 설정하는 방법을 제공하는지 보았다. 그리고 Express 미들웨어를 이용해 손쉽게 모든 라우트 함수에 로깅 능력을 제공했다.

Express와 미들웨어는 이 장에서 다룬 것보다 훨씬 많은 것을 할 수 있다. **143 page, 제7장. 웹 애플리케이션**에서 우리의 책과 목록 API를 사용하기 위한 웹 기반의 클라이언트를 만들 때도 이 장의 내용이 기반이 될 것이다.

코드 구조

이번 장에서 설명한 코드 안에 포함되어 있는 `lib/book-search.js` 파일을 살펴보자. 이것은 `lib/field-search.js`와 거의 같다. 둘 다 CouchDB 뷰에 요청을 하고 수집된 결과를 반환한다.

- 중복 코드를 최소화하기 위해 API 안의 코드를 어떻게 리팩터링(refactoring) 할 것인가?

  힌트: 필드 서치와의 차이가 무엇이고, 동일한 부분을 어떻게 리팩터하는지 알기 위해서 북서치(book-search) 코드를 완벽히 이해할 필요는 없다.

400 Bad Request

`lib/field-search.js` 파일에서는 사용자 제공 뷰와 기본 URL을 연결시켜 CouchDB에 대한 요청을 만들어 보았다;

```
url: config.bookdb + '_design/books/_view/by_' + req.params.view,
```

`req.params.view`값이 이상이 없는지 검사하지 않고 사용했다는 것에 주목하라. 하지만 우리가 지원하는 유일한 뷰는 by `author`와 by `subject`라는 것을 알고 있다.

수신되는 뷰 문자열을 연결해서 URL을 만들기 전에 먼저 검사하도록 코드를 바

6

꾼다. 만약 뷰가 우리가 기대하는 값 중에 하나가 아니라면, 문제를 설명하는 JSON 객체를 포함해서 HTTP 400 Bad Request로 회신한다.

DELETE

이 장에서 우리가 탐구한 번들 API는 목록에 책을 더할 함수를 가지고 있다.

- 목록에서 DELETE로 책을 제거할 Express API 종점은 어떻게 쓸 것인가?
- 삭제할 책이 목록 안에 있지 않다면 API는 어떻게 반응해야 하는가?
- 요청을 위한 목표 목록이 존재하지 않는다면 API는 어떻게 반응해야 하는가?

`lib/bundle.js`는 이미 이를 위한 REST API를 가지고 있다. 진도가 나가지 않는다면 참고하기 바란다.

프라미스와 Deferred

이 장에서는 비동기 요청에 대한 성공 및 실패 상황 관리를 위해 프라미스를 많이 사용했다. 프라미스가 성공적으로 완료되었거나, 오류값을 가지게 되었을 때를 처리하기 위해서 `then()` 함수에 의존해 콜백을 할당했다. 그리고 가끔은 프라미스를 완료하기 위한 배열 값을 보냈다(예를 들어, `{couchRes, body}`).

Q는 Promise/A 스펙[6]을 구현했다. 비록 이 스펙은 `then()` 함수만을 요구하지만 Q에서 제공하는 프라미스는 더 많은 함수를 가지고 있다. 이를테면 스펙의 `then()` 핸들러는 항상 하나의 변수만을 갖는데, Q의 `spread()` 함수는 복수의 변수를 다룬다.

- `then()` 대신 `spread()`를 사용하도록 하려면 API 종점을 어떻게 바꿔야 하는가?
- 프라미스를 완료하기 위해 배열 값을 보내는 것은 맞는 선택이었는가? 만약 아니라면 대신 무엇을 사용하겠는가?

---

6 http://wiki.commonjs.org/wiki/Promises/A

CHAPTER 7

웹 애플리케이션

이제까지 비동기식 자바스크립트 코드를 다루는 몇 가지 접근법을 배웠다. RESTful 웹 서비스를 어떻게 만들고 사용하는지를 알게 됐고, 메시징 패턴과 Express를 어떻게 사용하는지도 이해하게 됐을 것이다.

이제는 이 모든 지식들과 경험을 바탕으로 웹 애플리케이션을 개발할 차례가 됐다. 이 과정을 통해 Node.js에 대해 더 많은 것을 알게 될 것이다.

아키텍처와 코어

지금까지 우리는 Node.js 코어의 많은 측면을 지나쳐 왔다. 하지만 Node는 지금까지 우리가 예제로 해 본 것들 보다 훨씬 더 많은 것을 가능하게 해 주는 기반 기술이다.

패턴

이번 장에서는 Express 미들웨어에 더 깊이 들어가서, 이것을 이용해 커스텀 인증 핸들러를 구현할 것이다. Express의 passport 플러그인을 사용해서 애플리케이션 사용자들이 그들의 구글 계정을 가지고 로그인 할 수 있도록 할 것이다. 클라이언트 사이드 코드는 *model-view-controller*(MVC)를 사용함으로써 관심사를 분리했다.

자바스크립티즘

이 책에서는 Node의 ECMAScript Harmony 최신 특성들을 수시로 활용했지만 사실 그 특성들은 많은 웹 브라우저에서 아직 이용할 수 없다. 자바스크립트로 브라우저를 위한 코딩을 하면서 ECMAScript 5와 ECMAScript 6의 일부 차이에 대해서 배우게 될 것이다. 또한, jQuery를 이용해서 다양한 클라이언트 사이드 작업을 실행할 것이다.

지원 코드

npm이 Node 모듈을 불러오는 것을 용이하게 해 주듯이 *Bower*를 이용하면 클라이언트 사이드 의존성을 쉽게 관리할 수 있다. 실제로 Bower를 통해 jQuery, Boostrap, Handlebars와 기타의 것들을 가져올 것이다. 또한, 빠른 키-값 저장이 가능한 Redis를 이용해서 세션 데이터를 관리할 것이다.

웹 애플리케이션 개발은 **거대한** 주제이다. 아마 웹 애플리케이션 개발을 마스터하기 위해서 읽어야 하는 수많은 관련서적 만으로도 도서관 하나는 족히 채울 수 있을 것이다. 저자의 경우도 10여 년을 넘게 이 분야의 일을 해 왔지만 아직도 매일매일 배우고 있다.

그래서 알아야 할 모든 것을 다 살펴보는 것보다 Node.js에 한성해서 초점을 맞추었다. 이 책에 딸려 나오는 코드 다운로드에 web-app 디렉토리가 있는데, 거기에 가면 이 장에 나오는 모든 코드가 담겨 있다. 책에서 다룰 수 있는 분량은 한정되어 있기 때문에 만약 다운로드 받지 않았다면 가서 받아보길 권한다.

b4 애플리케이션은 앞의 장에서 우리가 개발했던 웹 서비스를 바탕으로 만들어진다. 때문에 page 87, **제5장. 데이터베이스 접근하기**로부터의 데이터와 더불어 현재 운영되고 있는 CouchDB가 필요하다.

이상의 사전 요구사항을 충족시켰다면, 이제 들어가 보자!

Redis에 Express 세션 저장하기

사용자 지향의 웹 애플리케이션은 거의 항상 세션을 사용한다. **세션**은 특정 사용자에 붙는 데이터다. 사용자가 사이트의 페이지를 보거나 웹 애플리케이션을 사용하면 서버는 **세션 쿠키**를 통해서 사용자의 흔적을 기록한다. 각각의 요청에 대해 서버는 쿠키를 읽고 세션 데이터를 불러온다. 그리고 세션 데이터를 기반으로 응답을 한다.

정확히 어디에 이 세션 데이터를 저장할 것인가는 우리에게 달려 있다. 기본 설정에서 Express는 이 데이터를 메모리에 보관한다. 하지만 이런 방식은 스케일링이 쉽지 않다. 만약 여러 개의 Node.js 프로세스가 있다면 세션 데이터는 반드시 공유 장소에 저장 되어야 한다. 그럼으로써 어느 프로세스가 사용자 요구에 응하던 상관없이 정확한 정보를 가지게 될 것이다.

Express에서 어떻게 세션을 사용하고 Redis를 이용해 세션 데이터를 저장하는지 살펴보자.

Express에서 세션 사용하기

Express에서 세션을 사용하기 위해서는 `cookieParser`와 `session` 미들웨어를 앱에 더해야 한다:

```
app.use(express.cookieParser()) ;
app.use(express.session({ secret: 'unguessable' }));
```

`cookieParser` 미들웨어는 클라이언트로부터 들어오는 쿠키를 파싱하는 것을 책임지고, `session` 미들웨어는 쿠키에 붙은 세션 데이터를 저장한다. `secret` 변수는 쿠키를 위조하거나 도용을 막는 데 필요한데, 여러분 애플리케이션의 특정된 뭔가로 정하면 된다. Express 세션 쿠키는 이 secret 문자열로 사인된다.

Redis를 사용해서 세션 데이터 저장하기

*Redis*는 대단히 빠른 키/값 저장소이며 데이터 보전 여부를 선택할 수 있다. 이 말은 서버에 문제가 발생할 경우 데이터를 잃더라도 빠르게 작동하게 하거나 속도를 희생하더라도 데이터 보존성을 선택하도록 할 수 있다는 의미이다.

Redis는 메모리에 데이터를 보관하고 주기적으로 디스크에 쓰는 것이 기본 설정으로 되어 있다. 이 때문에 매우 빠르지만 프로세스가 종료되면 데이터를 잃을 수 있다.

빠른 속도로 인해서 Redis는 세션 데이터를 저장하기 위한 이상적인 데이터베이스다. 만약 서버에 문제가 생기면 세션이 끊길지 모른다. 하지만 최악의 경우라도 사용자가 다시 로그인 하면 된다.

Redis를 Node/Express 앱과 같이 사용하기 위해 먼저 설치부터 해야 한다. Redis 설치는 플랫폼마다 다르다. 일단 설치가 되면 한 줄의 명령으로 시작할 수 있다:

```
$ redis-server
...
[8344] 10 Sep 20:38:41.564 # Server Started, Redis version 2.6.13
```

Express와 함께 Redis를 사용하기 위해서는 `redis`와 `connect-redis`라는 두 개의 npm 모듈이 더 필요하다. `npm install --save`를 실행해서 이 둘을 다운로드하고

package.json에 더한다.

시험삼아 지난 장의 "Hello World"의 server.js 파일을 수정하여 Redis를 세션 저장소로 이용해 보자. server.js 파일을 열고 맨 위의 const 선언에 다음을 더한다.

web-app/hello/server.js
```
redisClient = require('redis').createClient(),
RedisStore = require('connect-redis')(express),
```

첫 번째 줄은 Redis 데이터베이스를 위한 클라이언트를 생성한다. 이것은 즉시 Redis 서버에 연결하는 TCP 소켓을 열어준다. 두 번째 줄은 세션을 위한 Redis 기반의 지원 저장소를 생성하기 위한 클래스를 만들어 낸다.

마지막으로 server.js 파일의 미들웨어 부분에 Redis로 쿠키와 세션 미들웨어가 Redis를 사용하도록 다음과 같이 설정한다:

web-app/hello/server.js
```
app.use(express.cookieParser());
app.use(express.session ({
  secret: 'unguessable',
  store: new RedisStore({
  client: redisClient
  })
}));
app.get('/api/:name', function(req, res) {
  res.json(200, { "hello": req.params.name });
});

app.listen(3000, function(){
  console.log("rcady captain.");
});
```

여기서는 redisClient를 기반으로 RedisStore의 새로운 인스턴트를 만들어 세션 미들웨어가 사용하도록 한다. 변경이 완료되면 서버를 시작한다:

7

```
$ npm = start

> hello@0.1.0 start ./hello
> node --harmony ./server.js

ready captain
```

이제 두 번째 터미널에서 curl로 HTTP 헤더를 확인해 본다:

```
$ curl -i -X HEAD http://localhost:3000/api/test
HTTP/1.1 200 OK
X-Powered-By: Express
Content-Type: application/json; charset=utf-8
Content-Length: 21
Set-Cookie: connect.sid=s%3A-Coz4SVOKykt-fb5bTv7CHOj.IKL445JyFaKDq2aJ2%2FC95dh
            87pgElsNmc2mq3mpbjNE; Path=/; HttpOnly
Date: Fri, 27 Sep 2013 22:03:52 GMT
Connection: keep-alive
```

긴 Set-Cookie 헤더를 주목하라. 이것이 세션 쿠키다. Redis에 데이터가 저장됐는지 확인하려면 redis-cli 명령행 도구를 사용한다:

```
$ redis-cli KEYS 'sess:*'
1) "sess:-Coz4SVOKykt-fb5bTv7CHOj"
```

여기서는 sess로 시작되는 Redis 안의 모든 키를 요청했다. 즉, 저장된 세션 데이터를 요청한 것이다. 통상 우리가 직접 이 Redis 안을 파헤쳐 데이터를 찾지는 않을 것이다. 하지만 모든 것이 제대로 돌아가고 있는지 확인하는 데는 도움이 된다.

이제는 b4 애플리케이션을 만드는 것으로 돌아가보자. b4 애플리케이션은 이 방법으로 Redis를 세션 저장에 사용한다. Redis가 실행되면 RESTful 서버 위에 스테이트플(Stateful: 컴퓨터나 프로그램이 상호작용 상태를 지속적으로 저장하고 관리하는 것) 웹 애플리케이션을 만들 수 있게 된다.

단일 페이지 웹 애플리케이션 (Single-Page Web Application) 만들기

단일 페이지 웹 애플리케이션은 HTML 페이지, 스타일을 담당하는 CSS, 애플리케이션 로직을 수행할 자바스크립트로 구성되어 있다. 이 모든 것들이 정적 파일로 전달할 수 있는데, 이 말은 서버 사이드 프로세싱도 특별히 요구하지 않는다는 것이다. 그냥 파일 시스템으로부터 바로 제공하면 된다.

이 장에서는 RESTful API와 함께 어떻게 Express를 통하여 정적인 콘텐츠를 제공하는지 보게 될 것이다. 일부 정적인 콘텐츠는 우리가 Bower에서 불러올 서드파티 라이브러리에서 올 것이다.

Express로 정적 콘텐츠 제공하기

Express에는 정적 파일을 제공하는 간편한 방법이 있다. `express.static` 미들웨어를 사용해서 디렉토리를 설정해 주면 끝이다. 예를 들면 다음의 줄이 `b4` 서버에 등장한다:

```
web-app/b4/server.js
app.use(express.static(__dirname + '/static')) ;
app.use(express.static(__dirname + '/bower_components'));
```

이 두 줄은 Express에게 프로젝트의 `static/`과 `bower_components/` 디렉토리로부터 정적인 콘텐츠를 제공하라고 시키는 것이다. 이 말은 만약 Express가 특정 라우트 함수를 찾을 수 없다면 설정한 디렉토리를 차례로 확인하며 정적 콘텐츠를 제공하는 것을 시도하라는 것을 의미한다.

static 미들웨어는 특별한 점이 있다. 대부분의 미들웨어는 요청 처리 중간에 영향을 미치는데, static 미들웨어는 요청 처리 체인의 맨 뒤에 붙어 있다(라우트 함수 실행 후).

예를 들어 프로젝트의 `static/` 디렉토리에 3개의 파일이 있다: `index.html`, `app.css`, 그리고 `app.js`. 이 파일들은 각각 HTML, CSS 그리고 `b4` 애플리케이션을 위한 클라이언트 사이드 자바스크립트를 담고 있다.

7

서버가 돌아가는 동안, `http://localhost:3000/index.html`을 요청하면 Express는 `static/index.html`을 제공할 것이다. 왜냐하면 index에 대한 명시적인 라우터 함수가 없기 때문이다.

Bower 컴포넌트 설치하기

Bower는 자바스크립트 라이브러리와 같은 프론트 엔드 코드를 위한 패키지 매니저이다. Bower 컴포넌트의 설치 방법은 npm 모듈의 설치와 거의 같다.

다음은 b4 애플리케이션의 bower.json 파일이다:

web-app/b4/bower.json

```
{
  "name": "b4";
  "version": "0.0.1",
  "dependencies": {
    "jquery": "~2.0.3",
    "bootstrap": "~3.0.0",
    "typeahead.js": "~0.9.3",
    "typeahead.js-bootstrap.css": "*",
    "handlebars": "~1.0.0"
  }
}
```

package.json 파일처럼 여기에는 의존성 목록이 포함되어 있다. 우리의 앱은 다음 프론트 엔드 패키지에 의존할 것이다:

- jquery—Ajax와 DOM 처리를 위한 인기있는 자바스크립트 라이브러리
- bootstrap—웹 애플리케이션을 위한 매력적인 CSS 스타일
- typeahead.js—텍스트 필드를 자동 완성시키는 자바스크립트 라이브러리
- typeahead.js-bootstrap.css—typeahead.js를 위한 Bootstrap과 호환되는 CSS
- handlebars—HTML 템플릿 생성 라이브러리

이 패키지들을 설치하기 위해 먼저 npm을 통해 Bower를 설치한다.

```
$ npm install -g bower
```

그리고 Bower 컴포넌트들을 설치한다:

```
$ bower install
```

이제 위의 것들을 포함한 bower_components/ 디렉토리가 만들어졌을 것이다.

단일 페이지 앱 구조

서버가 정적 콘텐츠를 제공할 준비가 되어 있고 Bower 컴포넌트들도 준비가 되어 있다면 우리의 단일 페이지 앱의 시작 부분인 index.html 파일을 만들 수 있다. 이 파일의 시작 부분에는 다음 내용이 포함되어 있다:

web-app/b4/static/index.html

```
<!doctype html>
<html>
<head>
  <meta charset="utf-8">
  <title>b4 - The Better Book Bundle Builder</title>
  <meta name="viewport" content="width=device-width, initial-scale=1.0">
  <Link rel="stylesheet" href="bootstrap/dist/css/bootstrap.min.css">
  <Link rel="stylesheet" href="bootstrap/dist/css/bootstrap.theme.min.css">
  <Link rel="stylesheet"
        href="typeahead.js-bootstrap.css/typeahead.js-bootstrap.css">
  <Link rel="stylesheet" href="app.css">
</head>
<body class="container">
```

1번 줄 <!doctype html>은 이것이 HTML5 문서임을 브라우저에게 말해준다. 그리고 나서 문서의 <head> 섹션을 쳐 넣는다. 여기에는 타이틀, <meta> 태그들, 그리고 스타일 시트들이 포함되어 있다.

뷰포트 <meta> 태그는 모바일 기기의 경우 원래 설정된 페이지 폭 대신 기기의 화면 폭(이를테면 iPhone의 경우 320px)에 맞추라고 말하는 것이다—기본값은 아마 훨씬 더 클 것이다. 또한, 1.0 스케일로 시작하라고 지시하는데, 이것은 줌 기능을 사용하지 7

말라는 것을 뜻한다.

스타일 시트(style sheet)는 우리의 의존 패키지에 맞춰 먼저 Bootstrap 코어와 테마, 그리고 typeahead 스타일, 마지막으로는 app.css 파일 순으로 되어 있다. app.css 파일은 맨 마지막에 오는데, 앞에서 설정한 스타일들을 변경하기 위함이다.

<body> 요소의 container 클래스는 Bootstrap과 관련이 있다. 이것은 자동적으로 바디의 폭을 늘이거나 줄여 다양한 화면 사이즈에서도 잘 보일 수 있도록 Bootstrap에게 지시한다.

다음으로는 index.html의 맨 아래를 확인해 보자:

```
web-app/b4/static/index.html
  <script src="jquery/jquery.min.js"></stript>
  <script src="bootstrap/dist/js/bootstrap.min.js"></stript>
  <script src="typeahead.js/dis/typeahead.min.js"></stript>
  <script src="handlebars/handlebars.js"></stript>
  <script src="app.js"></stript>
</body>
</html>
```

<head>와 마찬가지로 여기도 많은 의존 라이브러리와 자체 코드를 가져오는 곳이다. appl.js는 마지막에 있기 때문에 애플리케이션 로직에 다른 라이브러리를 사용할 수 있다.

index.html 파일의 방대한 중앙에는 뷰를 만들기 위한 템플릿 같은 애플리케이션의 시각적 요소가 포함되어 있다. 이것을 다루기 전에 몇 가지 API가 더 필요하다.

특히, 사용자와 관련된 작업을 하기 위해서는 인증이 필요한 API 종점이 필요하다. 먼저 이것을 개발하고 다음으로 클라이언트 사이드로 돌아가 애플리케이션을 완성할 것이다.

Passport로 인증하기

passport는 다양한 서드파티 로그인을 위한 미들웨어를 제공하는 Express 플러그-인이다. passport를 사용해서 트위터, 페이스북 그리고 다른 서비스에 로그인하는 것을 지원할 수 있다.

여기서는 구글 계정으로 인증하는 것을 passport로 지원해 보겠다. 먼저 npm을 통해 `passport`와 `passport-google` 모듈을 가져 온다(`npm install --save passport passport-google`).

passport를 더하려면 먼저 `server.js` 파일의 `const` 선언에 다음을 추가한다:

web-app/b4/server.js
```
passport = require('passport'),
GoogleStrategy = require('passport-google').Strategy;
```

그 다음에는 passport 미들웨어를 초기화해야 한다. `app.use(express.session...)` 바로 뒤에 다음을 더한다:

web-app/b4/server.js
```
app.use(passport.initialize());
app.use(passport.session());
```

passport의 다른 인증 메커니즘은 **전략**(*strategies*)이라 부른다. 위 코드의 두 번째 줄은 구글 인증 전략을 가져온다.

Passport 전략 구성하기

passport 자체 및 우리가 사용할 전략은 둘 다 그것들을 제대로 활용하기 위한 설정이 필요하다. 여기 passport 및 구글 전략을 어떻게 설정하는지 간단한 예가 있다.

web-app/b4/server.js
```
passport.serializeUser(function(user, done) {
  done(null, user.identifier);
});
```

```
passport.deserializeUser(function(id, done) {
  done(null, { identifier: id });
});
```

이 코드는 passport의 직렬화 및 역직렬화 함수를 설정하고 passport에게 앞에서 가져온 구글 전략을 사용하라고 지시한다.

serializeUser() 함수를 사용해서 사용자에 대한 어떤 정보가 세션에서 실제로 저장되어야 하는지를 명시한다. 다른 데이터는 다른 곳에 저장하더라도 이 함수에서 설정한 데이터가 세션 쿠키와 연관을 갖게 되는 것이다.

일반적으로 세션 쿠키에는 우리가 필요한 것을 찾는 데 요구되는 최소한의 정보만을 저장한다. 여기서도 **식별자**(identifier) 문자열만 저장하는데, 이 식별자는 구글이 제공하는 사용자 별로 유일한, 사용자 특정 URL이다.

deserializeUser() 함수는 저장된 세션 데이터를 가져와 애플리케이션에서 사용할 객체로 다시 바꾼다. 이 작업은 가볍고 신속하게 이루어져야만 한다. 왜냐하면 사실상 서버에 대한 모든 요청에 대해 실행될 것이기 때문이다. 곧 이어 개발할 일부 사용자 특정 API를 제외하고는 우리의 번들 앱에서는 식별자 이외의 것은 아무것도 필요하지 않다. 따라서 여기서는 앞에서 저장한 식별자를 포함하는 객체만을 사용한다.

다음으로는 use() 함수를 이용하여 passport에게 앞에서 가져온 구글 전략을 사용하라고 지시한다:

```
web-app/b4/server.js
passport.use(new GoogleStrategy({
    returnURL: 'http://localhost:3000/auth/google/return',
    realm: 'http://localhost:3000/'
  },
  function(identifier, profile, done) {
    profile.identifier = identifier;
    return done(null, profile);
  }
));
```

인증에 성공하고 나면 콜백 함수가 시작된다. 이때가 데이터베이스로부터 이 사용자의 계정에 결부된 추가적인 정보들을 불러올 수 있는 기회이다. 예제에서는 deserializeUser()처럼 주로 식별자에 대한 기록만 한다.

returnURL 변수는 인증이 되고 나서 구글이 사용자를 보내주기를 바라는 전체 URL이다. 우리가 개발하는 애플리케이션을 위해서는 로컬호스트를 사용한다. 하지만 실제 서비스의 경우 실제 서버 주소를 이용한 URL로 설정해야 할 것이다.

인증 요청 라우팅

마지막으로 라우트 함수를 설정해야 한다. 우리가 처리해야 하는 요청은 세 가지 종류이다: 인증을 시작하기 위한 것, 인증 후에 사용자가 돌아갈 곳으로의 returnURL을 위한 것, 그리고 로그 아웃을 위한 것이다.

다음은 이 세계의 종점을 제공할 짧은 코드이다:

web-app/b4/server.js

```
app.get('/auth/google/:return?',
  passport.authenticate('google', { successRedirect: '/' })
) ;
app.get('/auth/logout', function(req, res){
  req.logout();
  res.redirect('/');
});
```

첫 번째 라우트 함수는 /auth/google과 auth/google/return, 이 두 개를 위한 것이다. 이 코드는 passport.authenticate() 미들웨어를 사용하는데, 이것은 사용자를 자동적으로 구글의 sign-in 페이지로 보내고 인증이 되고 나면 반환되는 토큰을 처리한다. 실제 웹 애플리케이션에서는 이 과정에서 좀 더 많은 작업을 하길 원할 수 있다. 하지만 예제에서는 애플리케이션 루트(/)로 다시 보내는 것만으로 충분하다.

마지막으로 /auth/logout 라우트 함수는 사용자들이 그들의 세션 쿠키 및 그것과 연관된 세션 데이터를 지우는 방법을 제공한다.

이것이 다다! 어떻게 보면 인증을 하기 위한 많은 단계가 필요한 것처럼 보일 수 있다. 하지만 이것은 진짜 많은 가치를 제공한다. 일단 passport를 설정하면 사용자 인증 작업을 위해 필요한 것이 다 완성되어 있는 것이다.

커스텀 미들웨어로 API 권한 관리하기

passport의 구글 전략을 설정하고, Redis가 세션 정보를 저장하도록 설정하고 나면 이제 보호된 사용자 API를 만들어 볼 준비가 된 것이다. 지난 장에서 만든 책과 목록 API와는 달리 보호된 API는 특별히 로그인된 사용자들에게만 접근을 허용하게 될 것이다.

우리가 만들 API 종점과, 그들이 지원할 HTTP 요청 방법은 다음과 같다. 이들 API 모두 JSON을 반환한다.

- `/api/user`(GET)—사용자에 대한 기본 정보(사용자 식별자)
- `/api/user/bundles`(GET)—목록 이름과 목록 ID를 매핑하는 객체
- `/api/user/bundles`(PUT)—제공된 JSON 바디로 목록 매핑 객체를 갱신한다

이 API들을 구현하면서 커스텀 Express 미들웨어를 개발할 수 있다. 그리고 `redisClient`를 오류에 좀 더 관대하게 만들어 API를 통해 오류들을 보고하도록 만들 것이다.

Redis 오류 견디기

Redis는 상당히 견고한 서비스이다. 하지만 다른 모든 것과 마찬가지로 때때로 중단될 수 있다. 이 때문에 `connect-redis` 세션 플러그-인은 Redis 오류를 견딜 수 있도록 만들어져 있다. Redis에 접근할 수 없는 오류가 발생할 경우 이 플러그인은 조용히 연결 오류를 무시한다. 사실상 애플리케이션을 세션리스(sessionless)하게 만든다.

하지만 더 잘 할 수 있다. REST는 우리가 HTTP 상태 코드를 이용해서 자원과 자원을 제공하는 시스템의 상태를 설명하도록 요구한다. 그러기 위해서는 Redis에 대해 더 많이 알아야만 한다.

`npmlog` 모듈을 통해 근사한 로깅 기능을 더하는 것으로 시작해 보자. npmlog 모듈은 npm이 화려한 로그 메시지를 위해 사용한 것과 같은 것이다. `npm install`을 통해 가져와 `const` 선언에 더한다:

```
log = require('npmlog')
```

이제 redisClient에 중요한 이벤트를 위한 몇 가지 로깅을 더해 보자.

```
web-app/b4/server.js
redisClient
  .on('ready', function() { log.info('REDIS', 'ready'); })
  .on('error', function(err) { log,error('REDIS', err.message); });
```

여기서는 ready 이벤트—Redis가 연결되고 명령을 기다릴 때마다 발사된다—와 error 이벤트를 위한 핸들러를 더한다. error 이벤트를 처리하는 것은 Node가 예외를 발생시키는 것을 막아준다(EventEmitter에서 처리 되지 않은 error 이벤트를 기억해 보자). 어떻게 실행되는지 보기 위해 b4 서버를 시작하고 다른 터미널에서 redis-server 프로세스를 종료한다. 다음과 같은 산출물을 보게 될 것이다:

```
$ npm start

> b4@0.1.0 start ./b4
> node --harmony ./server.js

ready captain,
info REDIS ready
ERR! REDIS Redis connection to 127.0.0.1:6379 failed - connect ECONNREFUSED
ERR! REDIS Redis connection to 127.0.0.1:6379 failed - connect ECONNREFUSED
```

redisClient 객체는 Boolean 형태의 ready 속성을 포함하고 있는데, 미들웨어에서 확인할 수 있다. 바로 해 보도록 하자.

커스텀 미들웨어 구현하기

라우트 함수를 Express에서 어떻게 구현하는지는 이미 배웠다. 이제는 어떻게 커스텀 미들웨어를 만드는가를 배워보자. 미들웨어와 라우트 함수의 차이는 미들웨어가 체인 안의 링크가 될 운명이라면 라우트 함수는 체인의 아주 끝에 있을 운명이라는 것이다. 미들웨어 함수는 3개의 변수를 취한다. 요청 객체(req), 응답 객체(res), 그리고 미들웨어가 끝마치면 호출할 함수(next)이다.

passport 세션을 담당할 미들웨어 함수를 만들어보자. 이 미들웨어는 모든 것이 계획대로 진행된다면 next 함수를 호출할 것이다. 하지만 뭔가 잘못된다면 그에 적절한 RESTful 응답을 반환할 것이다.

web-app/b4/server.js
```
const authed = function(req, res, next) {
  if (req.isAuthenticated()) {
    return next();
  } else if (redisClient.ready) {
    res.json(403, {
      error: "forbidden",
      reason: "not_authenticated"
    });
  } else {
    res.json(503, {
      error: "service_unavailable",
      reason: "authentication_unavailable"
    });
  }
};
```

먼저 req.isAuthenticated()값을 확인한다. 이것은 passport에 의해 더해진 함수인데, 수신되는 세션 쿠키가 알려진 세션과 일치해야만 true를 반환한다. 만약 사용자가 인증되면 즉시 next()를 호출해 미들웨어 체인의 다음으로 이동한다.

만약 false값이라면 redisClient.ready가 true인지 확인한다. 맞다면 사용자는 인증이 안 된 것이다(시스템 에러가 아니다). 이 상황에 맞는 코드는 403 Forbidden이 된다. 401 Unauthorized는 WWW-Authenticate 헤더(브라우저에게 어떤 인증 메커니즘이 가용 하다는 것을 말해준다)를 요구하기 때문에 사용할 수 없다. .

마지막으로, 만약 redisClient.ready가 false라면 사용자가 인증을 받을 방법은 없다. 이때 적절한 응답은 503 Server Unavailable이 되는데, Redis가 다시 온라인 상태로 돌아오기 전까지는 어떤 인증이 필요한 API도 유효하게 실행할 수 없기 때문이다.

좋다. 커스텀 미들웨어가 생겼으니 이제 이것을 인증이 필요한 API에 적용해 보자.

인증이 필요한 API 생성하기

이제 새로운, 사용자 특정(user-specific) API를 생성해야 한다. 그리고 이 API들은 우리의 authed() 미들웨어를 사용하길 원한다. 하지만 다른 라우트 함수들(정적 파일을 제공하는 함수 포함) 모두가 인증이 필요한 API일 필요는 없다. 그것들은 여전히 인증 없이 제공되어야만 한다. 그래서 다른 미들웨어에서처럼 단순히 app.use()를 호출할 수 없다.

Express에서 라우트 함수를 명시할 때는 그 라우트 함수에만 적용하기 원하는 미들웨어를 포함시킬 수 있다. 이 특성을 /api/user 라우트 함수에 사용할 것이다:

web-app/b4/server.js

```
app.get('/api/user', authed, function(req, res){
  res.json(req.user);
});
```

이 짧은 라우트 함수가 우리가 필요한 전부다. 이미 만들어 놓은 authed() 함수 덕분이다. 라우트 함수가 시작될 때 authed 미들웨어는 세션이 유효한지 확인하고 요청 상의 user 속성이 맞는 데이터를 가지고 있도록 해 준다.

로그인 하고 나면 /api/user에 대한 요청은 다음을 반환한다:

```
{
  "identifier": "http://www.google.com/accounts/08/id?id=..."
}
```

이 객체는 우리가 앞에서 정의한 deserializeUser() 콜백으로부터 나온 것이다. 이번에는 /api/user/bundles 종점을 어떻게 구현하는지 알아보자:

web-app/b4/server.js

```
app.get('api/user/bundles', authed, function(req, res) {
  let userURL = config.b4db + encodeURIComponent(req.user.identifier);
  request(userURL, function(err, couchRes, body) {
    if (err) {
      res.json(502, { error: "bad_gateway", reason: err.code });
    } else if (CouchRes.statusCode === 200});
```

7

```
      res.json(JSON.parse(body).bundles || {});
    } else {
      res.send(couchRes.statusCode, body);
    }
  });
});
```

먼저 CouchDB b4 데이터베이스 루트와, 세션을 위한 식별자로 구성된 userURL을 만든다. 이것은 데이터베이스 스키마(schema)를 설계할 때 b4 데이터베이스의 사용자 문서 ID는 구글 식별자와 같은 _id를 사용하도록 했다는 것을 의미한다. 독자의 애플리케이션에서는 사용자 문서를 위해 앱에서 정한 특정 ID를 사용하길 원할지 모른다. 하지만 passport ID를 가지고 사용자들을 찾기 위한 매핑이나 검색 함수가 필요하다는 것을 명심하자.

다음은 앞에서 많이 했듯이 request()로 CouchDB에 요청을 보낸다. 우리는 다양한 오류 상황들을 다루게 된다. 만약 200 OK 상태 코드를 받는다면 bundle 속성을 문서에서 추출하고 요청자에게 돌려 보낸다.

bundle 속성을 사용자 문서에 다시 저장하는 것은 조금 까다로울 뿐이다:

web-app/b4/server.js

```
app.put('/api/user/bundles', [authed, express.json()], function(req, res) {
  let userURL = config.b4db + encodeURIComponent(req.user.identifier);
  request(userURL, function(err, couchRes, body) {
    if (err) {
      res.json(502, { error: "bad_gateway", reason: err.code });
    } else if (couchRes.statusCode === 200){
      let user = JSON.parse(body);
      user.bundles = req.body;
      request.put({ url: userURL, json: user }).pipe(res);
    } else if (couchRes.satatusCode === 404) {
      let user = { bundles: req.body };
      request.put({ url: userURL, json: user }).pipe(res);
    } else {
      res.send(couchRes.statusCode, body);
    }
  });
});
```

이제 한 배열로 두 개의 미들웨어를 설정하고 있음을 주목하자. 첫 번째 것은 앞에서 사용한 `authed` 미들웨어이다. 두 번째 것은 `express.json()`이다. Express에 내장된 `express.json` 미들웨어는 `Content-Type` 헤더가 `application/json`으로 설정되어 있을 때 수신되는 요청의 콘텐츠 바디를 JSON 형태로 파싱한다. 이 때문에 `req.body`는 단지 버퍼가 아니라 객체이다.

그 다음부터는 전형적인 RESTful API와 같다. 먼저 CouchDB로부터 사용자 객체를 얻어낸다. 번들이 이미 존재하면 갱신해서 저장한다. 이미 존재하지 않다면 새 문서를 생성해 저장한다. 오류 상황은 평소 방법대로 처리한다.

`res`로 응답을 보내는 데 `request` 모듈의 `pipe()` 기능을 사용하고 있음을 주목하자. 이런 사용법은 기본 Stream의 pipe 함수와 아주 흡사하다. 하지만 좀 더 높은 레벨의 Request와 Response 객체에 적용될 뿐이다.

이것으로 이 애플리케이션의 서버 사이드 전반을 살펴봤다. 다음에는 클라이언트 사이드를 살펴보는 것으로 마무리를 짓자.

클라이언트 사이드 MVC

이번 장에서 우리는 서버 사이드 코드(RESTful, JSON API)와 클라이언트 사이드 코드(정적 HTML, CSS, 그리고 자바스크립트) 사이에 명확한 분리를 견지해 왔다. 이러한 분리의 이점은 Node 서버의 변경 없이 사용자 대응 코드를 완전히 바꿀 수 있다는 것이다. 실제로 명령어 입력 인터페이스 같은 비(非)브라우저 프론트 엔드로 구현해도 API는 문제없이 계속 작동한다.

하지만 이느 순간에는 사용자가 상호작용할 수 있는 인터페이스를 만들어야만 하는데, 그것이 우리가 여기서 할 일이다. 프론트 엔드 웹 개발은 매우 변화가 빠른 분야다. 매일 최첨단의 개념과 기술들이 나오고 있다. 여기서는 `b4` API를 위한 프론트 엔드 구축에 MVC 패턴을 사용할 것이다.

MVC 소프트웨어 디자인 패턴은 사용자 대응 애플리케이션을 만드는 방법으로 인기가 많다. 불행히도, 너무 인기가 많은 탓에 사람들은 MVC의 의미와 작동 방식에

7

대해서 다르게 해석하기도 한다. 그래서 먼저 이 책의 예들에 대한 실용적 정의에 동의해야 한다.

- 모델—애플리케이션을 위한 비즈니스 로직과 데이터
- 뷰—사용자에게 보이는 모델의 표현(representation)
- 컨트롤러—사용자와의 상호작용을 받아 모델에 알리는 코드

우리 애플리케이션에서의 모델은 사용자들을 위해 번들의 상태에 대해 계속 추적하는 책임을 진다. 뷰는 문서 모델에 의해 만들어진 브라우저 안의 문서 객체 모델(Document Object Model: DOM)이 될 것이다. 그리고 컨트롤러 로직은 DOM상의 이벤트에 의해 시작될 것이다.

해시(Hash) 기반의 뷰

웹 애플리케이션이 단일 페이지로 구성되었을 때는 다른 콘텐츠가 보여지고 있다는 것을 나타내기 위한 어떤 수단이 필요하다. 이런 방법 중에 하나는 URL 해시—URL의 # 심볼 뒤에 나타나는 콘텐츠—이다.

예를 들어 URL `http://localhost: 3000/#list-bundle`을 고려해 보자. 우리는 이것이 사용자의 번들을 보여주는 뷰와 일치하기를 원한다.

b4 프로젝트에 있는 `Static/index.html` 파일을 열면 다음과 같은 `<div>`를 발견할 것이다:

```
<div id="welcome-view" class="view">
  <h2>Welcome</h2>
  ...
</div>
<div id="list-bundles-view" class="view">
  <h2>Your Bundles</h2>
  >..
</div>
```

우리가 원하는 것은 이 뷰 중에 정확히 한 번에 하나만 보이는 것이고 그것을 위해 짧은 클라이언트 사이드 자바스크립트가 필요하다. 다음은 `static/app.js`로부터 가져

온 showView() 함수이다:

web-app/b4/static/app.js
```
showView = function(selected) {
  window.location.hash = '#' + selected;
  $('.view').hide().filter('#' + selected + '-view').show();
},
```

이 함수는 selected 변수를 취하는데, 이 변수는 우리가 보여주고 싶어하는 뷰의 이름이다. 먼저 window.location.hash가 명시된 뷰에 일치하도록 설정한다. 이를테면 showView('list-bundles')를 호출하면 이것은 그 페이지의 URL을 업데이트해서 #list-bundle로 끝나게 한다.

다음 부분은 jQuery 덕분에 아주 간단하다. view 클래스를 가진 페이지상의 모든 <div>를 찾아 감춘다. 그리고 나서 우리가 선택한 뷰와 일치하는 ID를 가지고 있는 것 하나만 찾아서 보여준다.

showView() 함수는 우리가 view를 프로그램에서 설정할 때 아주 뛰어나다. 하지만, 우리는 직접적인 URL 변경 또한 대응할 수 있어야 한다. 이를 위해서 window 상의 hashchange 이벤트를 리스닝한다:

web-app/b4/static/app.js
```
$(window).on('hashchange', function(event){
  var view = (window.location.has || '').replace(/^#/, '');
  if ($'#' + view + '-view'), length) {
    showView(view);
  }
});
```

이 코드는 window.location.hash를 잡아서 view라는 변수에 저장하는 것으로 시작된다. var는 오래된 자바스크립트 키워드이다. 이것은 let과 아주 흡사한데, 단지 다른 것은 가장 가까운 중괄호 {}와는 반대로 가장 가까운 function(){}에 한정된다는 것이다.

이 책을 쓸 당시에는 모든 브라우저가 let을 지원하지는 않았다. 그래서 var를 클라이언트 사이드에 활용하는 게 훨씬 더 안전하다.

이 함수는 일치하는 view ID를 가진 요소가 페이지에 있는지를 확인한다. 만약 있다면 showView()를 호출한다.

뷰와 페이지 이동에 대해서 신경써야 할 것이 한 가지 더 남아 있다. 페이지가 처음 로드 됐을 때 해야하는 일이다. 페이지가 처음 로드되면 사용자가 인증을 받았는지 알아봐야만 한다. 만약 사용자가 인증되었다면, 사용자는 list-bundle 뷰를 보게 될 것이다. 아니라면, 사용자를 welcome 뷰로 보낸다. welcome 뷰에는 로그인 링크가 있다.

다음은 뷰의 시작 코드이다:

web-app/b4/static/app.js

```
$.ajax({
  url: '/api/user',
  accepts: 'application/json'
})

.then(function(data, status, xhr) {
  getBundles();
}, function(xhr, status, err) {
  showView('welcome');
});
```

먼저 jQuery의 $.ajax()를 사용하여 /api/user로 비동기 요청을 보낸다. 이 함수는 프라미스를 생성하는 request()와 같다.

then()은 성공 상태를 처리하는 것과 오류 상태를 처리하는 두 핸들러로 호출한다. 요청이 성공하면 getBundles()로 옮겨 간다. 아니면 사용자에게 welcome 뷰를 보여준다.

다음으로 클라이언트 사이드의 요청 코드 몇 개를 더 보자.

REST API로 모델 동기화하기

우리의 단일 페이지 웹 앱에 로그인하면 사용자는 list-bundles 뷰를 볼 것이다. 하지만, 화면에 표시하기 전에 사용자가 이미 만들어 놓은 번들을 알 필요가 있다.

b4 프로젝트의 static/app.js 파일은 bundles라는 변수를 가지고 있다. 이것은 서

버에 저장된 사용자의 번들의 로컬 복사본이다. 웹 앱은 서버로부터 로컬 복사본을 만들어야 한다. 이것이 getBundle()이 하는 일이다:

web-app/b4/static/app.js
```
getBundles = function(){
  $.ajax({
    url: '/api/user/bundles'
  })
  .then(function(data, status, xhr) {
    bundles = data;
    showBundles();
  }, function(xhr, status, err) {
    if (xhr.status >= 500) {
      showErr(xhr, status, err);
    }
    bundles - {};
    showBundles();
  });
},
```

여기서 우리는 $.ajax() 함수를 사용해서 /api/user/bundles를 요청한다. 만약 요청이 성공하면 반환된 값을 사용한다: 아니면 빈 객체({})로 시작한다. 만약 요청이 500번 대의 상태 코드(예를 들어, 502 Bad Gateway)로 실패하면 showErr() 함수를 사용해 오류를 보여준다. 어떤 경우에도 showBundles()로 이동한다. 이와는 반대로 번들을 서버에 저장하는 saveBundle() 함수도 있다:

web-app/b4/static/app.js
```
saveBundles = function(bundles, callback) {
  $.ajax({
    type: 'PUT',
    url: '/api/user/bundles',
    data: JSON.stringify(bundles),
    contentType: 'application/json; charset=utf-8',
    accepts: 'application/json'
  })
  .then(function(data, status, xhr) {
    callback(null, data);
```

```
  }, function(xhr, status, err) {
    callback(err);
  });
},
```

이 함수는 서버로 보낼 `bundle` 객체와 성공이나 실패 시 호출할 Node 스타일의 콜백 함수를 취하고 있다. `$.ajax()`를 이용해서 bundle 객체를 `/api/user/bundles`로 PUT 요청을 보낸다. `contentType` 옵션은 `data`가 이미 JSON으로 직렬화되어 있어 폼(form) 인코딩을 요구하지 않는다는 것을 나타낸다.

이상으로 이 장에서 개발한 사용자 API와 상호작용하는 클라이언트 사이드 코드를 다루어 보았다. `b4` 앱은 이전 장에서 우리가 개발했던 API(예를 들어, book-search와 bundle-modification API)를 사용하기 위해 코드와 비슷한 코드를 포함하고 있다. 이제는 데이터를 표시하기 위한 사용자 인터페이스를 만들어보자.

Handlebars로 HTML 생성하기

`b4` 애플리케이션은 인풋 데이터로부터 HTML을 생성하는 데 **템플릿**을 사용한다. 템플릿은 기본적으로 빈칸들을 가진 HTML이고 데이터가 그 빈칸들을 채우는 것이다. 선택할 수 있는 자바스크립트는 템플릿 엔진이 많은데, 이 앱에서는 Handlebars[1]를 사용하겠다.

Handlebars는 소스 문자열의 지정된 토큰을 컨텍스트 객체로부터의 값으로 대체한다. 또한, 객체와 배열에 대해서 루프문을 실행하거나 조건 로직(if/else)을 지원한다. 이를테면 다음 Handlebars 템플릿은 사용자의 번들들을 보여주기 위한 테이블을 생성한다:

web-app/b4/static/index.html

```
<table class="table">
  <thead>
    <tr>
      <th>Bundle Name</th>
      <th class="actions">Actions</th>
```

1 http://handlebarsjs.com/

```
6        </tr>
7      <thead>
8      <tbody>
9        {{#each bundles}}">
10       <tr data-id="{{@key}}">
11         <td>{{this}}</td>
12         <td class="actions">
13           <button type="button" class="btn edit">
14             <abbr title="edit bundle" class="glyphicon glyphicon-pencil">
15               <span>edit bundle</span>
16             </abbr>
17           </button>
18           <button type="button" class="btn delete">
19             <abbr title="delete bundle" class="glyphicon glyphicon-trash">
20               <span>delete bundle</span>
21             </abbr>
22           </button>
23         </td>
24       </tr>
25       {{/each}}
26     </tbody>
27   </table>
```

이 코드는 9번 줄부터 시작해 bundle 객체를 루프로 훑는다. 각각의 키/값 짝에 대해 <tr>을 더하는데, 이것의 data_id 속성은 현재 키로 설정되어 있다. 그리고 그 테이블 행 안에 현재 값({{this}})으로 설정된 텍스트로 <td> 요소를 더했다.

b4 앱은 Handlebars 템플릿을 전적으로 클라이언트 사이드에서 컴파일하고 실행한다. 하지만 이 일의 일부 혹은 전부를 서버에 맡길 수도 있는데, 이것은 Handlebars가 Node.js에서도 실행될 수 있기 때문이다.

예를 들면 Node에서 템플릿을 컴파일 한 후 브라우저에서 데이터 대체만 실행할 수도 있다. 아니면 Node에서 데이터 대체를 하고 JSON 대신 HTML을 반환할 수도 있다. 각 상황은 애플리케이션 요구사항에 따라 장점이 다르다.

요점 정리

이번 장에서는 Node.js 서버부터 시작해 멀리 떨어진 브라우저까지 웹 애플리케이션 개발의 양 면을 살폈다. 스테이트풀, 세션 기반의 사용자 API를 개발해 가면서 웹 서비스에 좀 더 깊숙이 들어가 보았다. 그리고 세션 데이터를 확장 가능한 방식으로 저장하는 빠른 키/값 데이터저장소인 Redis를 사용해 보았다.

Express passport 플러그인을 도입하여 구글 계정으로 로그인하는 것도 구현했다. 커스텀 Express 미드웨어를 개발해서 RESRful API에 대한 사용자 인증을 구현했다.

클라이언트 사이드는 단일 페이지 애플리케이션 자체와 프론트 엔드 패키지 매니저인 Bower를 통해 얻은 의존 라이브러리를 정적 콘텐츠로 제공했다. jQuery의 ajax를 사용해서 우리의 모델 객체를 REST 서비스로부터 얻은 값과 동기화했고, 그리고 DOM 조정 함수를 이용해서 커스텀 해시 기반의 뷰를 구현했다. 마지막으로 클라이언트 사이드 MVC 구현의 한 부분으로서 Handlebars로 템플릿을 만드는 것을 탐색해 봤다.

RESTful API 디자인

이번 장에서 우리가 디자인한 사용자 번들 API(`/api/user/bundles`)를 생각해 보자. PUT 요청은 책목록의 일부가 바뀌었더라도 전체 목록들을 덮어쓴다.

- 수신되는 응답의 바디가 유효한 JSON이 아니라면 어떤 일이 벌어지는가?
- 수신되는 응답의 바디가 JSON 배열(우리가 기대했던 객체와는 반대로)이라면 무슨 일이 벌어지는가?
- 과연 위의 경우에는 어떻게 대응하는 게 이상적이고 그러기 위해서는 어떻게 코드를 바꾸어야 하는가?

PUT을 이용해서 모든 것을 덮어쓰는 대신 사용자의 컬렉션으로부터 목록을 더하거나 제거할 수 있는 또 다른 HTTP 동사나 API 종점을 가질 수도 있다.

- 사용자 컬렉션에서 목록을 제거하기 위해 어떤 라우트 함수를 사용할 것인가?
- 사용자 컬렉션에 번들을 더하는 데 어떤 HTTP 동사를 사용할 것인가?

생각 쪼개보기

지금까지 여러분은 웹과 非웹 서버 사이드 자바스크립트 프로젝트 양쪽에 어떻게 Node를 사용하는지에 대한 많은 것을 배웠다. Node.js는 본질적으로 비동기식이다. 그리고 이 때문에 처음에는 낯설었겠지만 어쨌든 비동기 자바스크립트 코드를 관리하는 여러 기법을 배웠을 것이다.

데이터베이스에 정보를 보내 워커 프로세스 클러스터에 일을 나누어 주는 것부터 시작해서 다양한 일을 수행하는 미들웨어 애플리케이션을 구현하는 데에도 Node.js를 사용했다. 커스텀 프로토콜을 개발했고 친숙한 HTTP도 다뤘다. 푸시/풀 그리고 게시/구독 같은 커뮤니케이션 패턴을 사용하는 서비스뿐 아니라 RESTful 웹 서비스도 만들어 봤다.

이 과정에서 다수의 npm 모듈을 어떻게 사용하는지도 배웠다. REST API 종점의 개발을 단순화하는 데 Express를 사용했고, 데이터 처리 코드에 대한 유닛 테스트를 실행하는 데 nodeunit을 사용했다. request 모듈은 HTTP 요청을 만드는 데 정말 유용했다. async와 Q 모듈은 각각 자신만의 방식으로 비동기 코드의 흐름 관리를 쉽게 해 줬다.

Node.js의 세계는 여전히 급속하게 확장되고 있다. 어떤 문제가 주어지더라도 많은 방법으로 공략할 수 있다. 그리고 새로운 방식으로 사용하는 사용자가 항상 어딘가에 있다. 계속 정진하고 당신만의 스타일을 개발해 나가면서 새로운 접근법과 새로운 기법에 대해 눈과 귀를 활짝 열어 놓자. Node 개발자가 된다는 것은 정말 신나는 일이다.

행운을 빈다. 그리고 Happy Coding!

찾아보기

본문 소스 코드는 아래의 사이트에서 다운 받을 수 있습니다.

https://pragprog.com/book/jwnode/node-js-the-right-way

정가 17,000원

Node.Js 정석 – 실질적인 지름길 –

2015년 6월 8일 초판 인쇄
2015년 6월 15일 초판 발행
저 자: Jim R. Wilson
감 수: 이장원
발행자: 우명찬 · 송 준
발행처: 홍릉과학출판사
주 소: 서울시 강북구 인수동 455-60
142-885
등 록: 1976년 10월 21일 제5-66호
전 화: (02) 999-2274~5, 903-7037
팩 스: (02) 905-6729
e-mail: hongpub@hongpub.co.kr
http://www.hongpub.co.kr
ISBN: 979-11-5600-368-7